✢

언제나 저희와 함께하시는 주님,
이 책과 함께하는 여정을 축복해 주시어
제 삶의 등불이 되게 하소서.
그리하여 제가 한 걸음 더 성장하여
당신을 온전히 닮아 참된 그리스도인으로
살아갈 수 있도록 이끌어 주소서.
아멘.

시작한 날 _____

마친 날 _____

이름 · 세례명 _____

《신심 생활 입문 묵상 노트》를 작성하기 전에

《신심 생활 입문 묵상 노트》를 작성하기 전에는 잠시 오늘 하루를 돌아보며 성찰하는 시간을 가지는 것이 좋습니다. 이렇게 하며 주님께서 우리 마음을 열어 주시기를 청합니다.

성찰하고 나서는 이 노트를 작성할 시간을 마련해 주신 주님께 감사를 드립니다. 그리고 영적으로 성장하려고 결심한 바를 봉헌합니다. 구세주 그리스도께 그분의 공로를 나누어 달라고 간구하며, 결심한 바를 실천할 수 있도록 축복해 주시기를 청합니다.

하느님 앞에 나아갈 때는 존엄하신 하느님 앞에 나아가기에 부족한 존재임을 인정하는 겸손한 마음을 지녀야 합니다. 하느님 앞에 오게 된 것도 주님의 자비로우심 때문임을 깨달아야 합니다. 그러면서 주님을 극진히 섬기고 흠숭하기에 필요한 은총을 베풀어 주시기를 간구해야 합니다. 이를 위해 아래에 제시하는 짧지만 열렬한 기도를 바치는 것도 좋습니다.

1. "당신의 면전에서 저를 내치지 마시고 당신의 거룩한 영을 제게서 거두지 마소서."(시편 51,13)

2. "당신 얼굴이 당신 종 위에 빛나게 하시고, 당신의 법령을 저에게 가르쳐 주소서."(시편 119,135)

3. "저를 깨우치소서. 당신의 가르침을 따르고 마음을 다하여 지키오리다."(시편 119,34)

4. "저는 당신의 종, 저를 깨우치소서. 당신의 법을 깨달으리이다."(시편 119,125)

《신심 생활 입문 묵상 노트》를 작성하는 동안 위에 제시된 네 가지 기도문을 번갈아 가며 바칩니다. 제시된 1번은 월요일과 목요일, 2번은 화요일과 금요일, 3번은 수요일과 토요일, 4번은 주일에 바치기를 권합니다. 하지만 이런 방식에 구애받지 않고, 그날그날 나의 마음이 이끄는 시편 말씀을 새기며 자유롭게 바쳐도 됩니다. 제시된 기도문 외에도 주모경을 바친 뒤 노트 작성을 시작하는 것도 좋습니다.

어떤 방법이든 잠시 기도하며 묵상하는 시간을 먼저 마련하는 것이 중요합니다. 이 시간을 통해 주님께 영적 꽃다발을 선물해 드리겠다는 마음가짐을 지녀야 합니다. 오늘 하루를 먼저 성찰하며 온전히 봉헌할 때, 주님께서는 더없이 기뻐하실 것입니다. 또한 영적 성장의 길로 한 걸음 더 나아가고자 하는 우리를 어여삐 여기시어, 이 노트를 묵상하는 여정에 더없이 많은 은총을 내려 주시리라 믿습니다.

《신심 생활 입문 묵상 노트》 시작하기

✚ 출간 이후 많은 이들에게 사랑받아 온 신앙생활의 지침서,
《신심 생활 입문》

우리는 세상 안에서 그리스도인으로서의 소명을 지키며 살고자 합니다. 그래서 삶의 다양한 순간마다 주님의 뜻을 찾길 원합니다. 이런 우리에게 길잡이가 되어 줄 책이 바로 《신심 생활 입문》입니다. 저자 살레시오 성인은 평신도들이 한층 더 깊은 영성 생활을 할 수 있도록 많은 노력을 기울였습니다. 그래서 평신도들이 삶 안에서 하느님의 뜻에 따라 살아가길 바라며 《신심 생활 입문》을 집필했습니다. 이런 이유로 이 책은 출간 이후 많은 이들에게 사랑받았으며, 험난한 세상을 살아가는 평신도들이 올바른 신심 생활을 해 나갈 수 있도록 돕는 신앙생활 지침서로 평가받고 있습니다.

✚ 세상 한가운데서
주님을 찾는 모든 이들을 위해

흔히 '성소'라는 단어를 들으면 수도 성소나 사제 성소를 떠올립니다. 그러나 성소는 우리 각자에게 주어진 특성을 통해 하느님께서 내게 맡기신 소명을 실천해 나간다는 의미로 볼 수 있습니다. 그러기에 우리도 삶에서 하느님의 뜻을 실천하라고 부름받은 셈입니다. 하지만 혼란한 세상 속에서 하느님의 뜻을 찾고 실천해 나가는 과정이 쉽지는 않습니다. 그러기에 이를 식별하는 꾸준한 노력

이 필요합니다. 《신심 생활 입문》은 우리가 유혹과 어려움을 딛고, 나를 부르시는 하느님의 목소리를 찾도록 합니다. 또한 일상이나 신앙생활 중에 한 번쯤 고민하며 맞닥뜨리는 문제를 어떻게 풀어 나가야할지 알려 줍니다. 그래서 더욱 풍성한 신앙생활을 하도록 인도합니다.

✚ 《신심 생활 입문 묵상 노트》와 함께
　영적 성장의 길로 나아가세요!

　《신심 생활 입문 묵상 노트》는 《신심 생활 입문》에 담긴 가르침을 100일 동안 묵상하고 필사하는 노트입니다. 그래서 신앙생활의 깊이를 더하고 싶은 이들, 인생의 중요한 결정을 앞두고 올바른 식별을 원하는 이들, 평소에 《신심 생활 입문》을 읽어 보고 싶었으나 아직 접하지 못한 이들에게 새로운 이정표가 되어 줍니다.

　또한 《신심 생활 입문》에서 우리가 꼭 새겨보아야 할 중요한 부분을 발췌하여 실었기에 핵심을 놓치지 않도록 하였습니다. 그리고 제시된 질문을 바탕으로 나의 삶을 성찰할 수 있습니다. 이 노트는 총 5부로 이루어진 《신심 생활 입문》의 구성을 그대로 따라, 살레시오 성인의 가르침을 마음에 새기며 일상에서 하느님의 뜻을 찾도록 합니다. 이런 구성으로 되어 있기에 《신심 생활 입문》을 읽고 필사하는 과정을 넘어, 하느님과 하나 되고자 하는 마음을 실천하는 데 큰 도움이 됩니다.

　삶에서 하느님 뜻에 맞갖게 살고자 하는 마음을 담아 《신심 생활 입문 묵상 노트》를 작성해 보세요. 어느덧 한결 깊어진 깊은 영성으로 그분께 한 걸음씩 나아가고 있을 것입니다.

《신심 생활 입문 묵상 노트》 작성 예시

고해성사 (1)

필로테아 님, 직접 치료할 수 있는 안전하고 확실한 방법이 있는데도 죄로 말미암아 무거워진 마음을 오랫동안 그대로 두어서는 안 됩니다. 죄를 지은 사람은 자신의 죄를 뉘우치고 모든 것을 보고 계시는 하느님을 두려워하는 마음으로 한시라도 빨리 그 더러움을 씻어 내야 합니다. 구원받을 수 있는 확실한 길이 있음에도 영적 죽음을 초래하는 것은 얼마나 어리석은 짓입니까!

주님께서는 고해성사를 통해 그대의 고백을 들으시고 그대의 죄를 용서해 주실 것이며, 죄를 범하지 않을 힘을 주실 것입니다. 또한 그대의 잘못을 깨달을 지혜를 주시고 그대가 죄로 말미암아 잃은 것들을 만회할 수 있도록 풍성한 은총을 그대에게 베풀어 주실 것입니다. 겸손과 순명, 순박함과 애덕을 수행하고 있지만, 죄를 고백하는 것만으로도 그 무엇보다 훌륭한 덕을 수행하는 것이 됩니다.

아무리 작은 죄라도 진심으로 뉘우치며 고백하고 다시는 그러지 않겠다고 확고하게 결심해야 합니다. 개선하려는 결심도 없이 습관적으로 또는 형식적으로 소죄를 고백함으로써 크나큰 영적 이익을 잃는 사람이 (...) 악의 없는 거짓말이나 부주의한 말들, 과도한 재(...) 고백할 때에도 이를 뉘우치고 개선하겠다는 확고(...) 합니다. 또한 대죄든 소죄든 모두 버리겠다는 굳(...) 고백하는 것은 고해성사를 남용하는 것입니다.

— 제2부 제19장

> ▶ 1. 《신심 생활 입문》 읽기
> 《신심 생활 입문》에서 우리 마음에 새겨보아야 할 핵심 부분을 발췌하여 실었습니다. 우리 삶의 지혜를 밝힐 수 있도록 천천히 읽어 봅시다.

38 Day

✚ 내 마음에 닿은 문장

주님께서는 고해성사를 통해 그대의 고백을 들으시고 그대의 벗이며, 죄를 범하지 않을 힘을 주실 것입니다. 또한 그대에게 은혜를 주시고 그대가 죄로 말미암아 잃은 것들을 만회할 수 있음을 그대에게 베풀어 주실 것입니다.

✚ 《신심 생활 입문》 깊이 읽기

· 주님께서 주신 용서의 은총을 느끼고 감사를 드렸는지

그동안 고해성사 때에 보속의 의미를 진정으로 깨닫고 용서의 은총을 느끼지 못했던 것 같다. 그동안 나의 삶에 자비를 베푸신 주님의 은총에 감사드리는 시간을 가져야 겠다.

✚ 나의 묵상

주님께서 주시는 용서의 은총이 크다는 걸 잘 알면서도, 고해소로 지지 않는다. 그래서 늘 같은 죄를 고해하고 있는 건 아닌지 동안 내가 했던 고해성사를 되돌아보며 부족했던 점이고자 한다.

✚ 오늘의 다짐

고해성사 때 매번 같은 죄를 되풀이하여 고백하는 것을 피하기로 다짐해 본다. 또한 나의 잘못의 원인이 무엇인지 정확하게 파악해야 겠다고 느꼈다. 그래서 나의 잘못을 감추거나, 축소하지 않고 솔직히 고백하고자 한다. 그래서 이번에는 성사를 보기 전에 충분히 준비를 하여 그 어느 때보다 용서의 은총을 받고 싶다.

제1부

신심 생활을
향한 첫걸음

참된 신심

진실하고 살아 있는 신심은 하느님의 사랑을 기초로 하는 것입니다. 결론적으로 말해 신심은 하느님의 참된 사랑 외에 다른 것이 아닙니다. 그러나 사랑 자체를 신심이라고 하지는 않습니다. 하느님께서 주신 사랑으로 우리 영혼이 기쁨으로 충만해질 때 이를 '은총'이라 하고, 그 사랑으로 우리가 덕을 행하려고 노력할 때 이를 '애덕'이라고 합니다. 그리고 그 애덕으로 우리가 일상을 살아가면서 자연스럽게 자주 선을 행할 때 이를 '신심'이라고 합니다.

신심이 있는 사람은 하느님께로 빠르고 높게 날아갈 수 있습니다. 곧 하느님의 사랑이 우리 안에서 활동함으로써 우리가 그 사랑을 통해 열성적으로 행하는 선행이 일상적인 것이 될 때, 이 자연스러운 행위를 가리켜 신심이라고 합니다.

신심이란 어떤 면에서 완전한 사랑을 뜻하므로 우리가 하느님의 모든 계명을 기쁜 마음으로 열심히 지키게 할 뿐 아니라, 될 수 있는 대로 많은 선을 행하게, 곧 계명 준수와 의무 이행에 그치지 않고 한 걸음 더 나아가 성령의 감도感導에 힘입어 사랑으로 복음의 가르침을 실천에 옮기게 만듭니다.

신심은 하느님의 계명을 지키고 나아가 영적인 가르침과 성령의 감도를 적극적으로 받아들여 실천하는 불꽃과 같은 것입니다.

― 제1부 제1장

DATE   /   /   /

1 Day

✛ 내 마음에 닿은 문장

✛ 《신심 생활 입문》 깊이 읽기
- 본문에서 이야기하는 '신심'의 정의는 무엇입니까?

✛ 나의 묵상

✛ 오늘의 다짐

신심의 본질과 우월성 (1)

　세상은 어떻게 해서든지 참된 신심을 비방하려 합니다. 그래서 신심 깊은 사람들을 어둡고 우울해 보인다고 매도하며, 신심이 사람을 우울하게 하고 불쾌하게 만든다고 떠벌립니다.
　세상 사람들은, 이 모든 것을 유쾌하고 즐겁고 쉬운 일로 변화시키는 마음속의 신심을 모르기 때문입니다. 향기로운 꽃을 찾아 날아다니는 꿀벌들은 쓴 액즙을 빨아 먹은 다음 그 즙을 꿀로 변화시킵니다. 이처럼 수행 중에는 쓴맛을 느낄 때가 많지만, 신심이 깊은 사람들은 이를 통해 고통을 기쁨으로 바꾸고 쓴맛을 단맛으로 변화시킵니다.
　덜 익은 과일에는 설탕을 넣어 달게 만듭니다. 이와 같이 신심은 모든 욕정에서 나오는 고통을 없애 주고 우리에게 해로운 유혹을 제거하는 영적인 설탕입니다. 신심은 가난한 사람의 불행, 부자의 오만, 어려움에 놓인 사람의 좌절, 순탄한 길을 가는 사람의 자만, 외로운 사람의 쓸쓸함, 여러 사람들과 더불어 사는 사람의 산란한 마음을 막아 줍니다. 겨울에는 불이 되고 여름에는 이슬이 되며, 재물을 바르게 사용하는 법과 가난을 견뎌 내는 법을 알려 줍니다. 명예나 치욕 모두 우리에게 이익이 되게 하고, 쾌락이건 고통이건 늘 같은 마음으로 받아들여 신기한 환희로 충만하게 합니다.

- 제1부 제2장

2 Day

DATE   /   /   /

✚ 내 마음에 닿은 문장

✚ 《신심 생활 입문》 깊이 읽기
· 신심을 깊게 하기 위한 방법이 내게 고통으로 다가오는지 묵상해 봅시다.

✚ 나의 묵상

✚ 오늘의 다짐

신심의 본질과 우월성 (2)

'야곱의 사다리'를 생각해 보십시오(창세 28장 참조). 그 사다리가 바로 신심 생활의 상징입니다. 세로로 세운 두 개의 기둥은 하느님의 사랑을 구하는 기도와 그 사랑을 우리에게 전해 주는 성사입니다. 또한 두 기둥을 연결하려고 가로지르는 나무는 덕에서 덕으로 옮겨 가는 사랑의 계단입니다. 우리는 관상을 통해 하느님의 사랑에 결합하고자 그 사다리를 타고 올라가고, 활동을 통해 이웃을 돕고자 내려옵니다. 사다리 위 더 높은 곳에 있는 사람들을 보십시오. 그들은 천사의 마음을 가진 사람 또는 사람의 몸을 가진 천사들입니다. 그들은 청년은 아니지만 내면에 활기 넘치는 힘과 경쾌함을 가득 지니고 있기 때문에 언제나 씩씩하고 젊습니다. 날개를 지닌 그들은 거룩한 기도로써 하느님 품으로 훨훨 날아 올라갑니다. 또한 두 다리를 가지고 있어 사람들과 더불어 걸어가면서 사랑하올 거룩하신 하느님의 말씀을 주고받습니다. 천사들은 만사를 유순하고 감미롭게 받아들이므로 그들의 얼굴은 아름답고 밝으며, 그들의 머릿속에 담긴 생각에는 하느님을 기쁘게 해 드리는 것 외에 불순한 이유와 동기가 전혀 없습니다. 이 세상과 이 세상에 속한 것을 순수하고 진실하게, 오로지 경우에 따라 필요한 것만을 가볍게 취하기 때문에 그들은 가볍고 빛나는 옷을 걸치고 있습니다. 이런 이들이 참된 신심을 지닌 사람입니다.

– 제1부 제2장

3 Day

DATE   /   /

✚ 내 마음에 닿은 문장

✚ 《신심 생활 입문》 깊이 읽기
· 참된 신심을 지닌 이들은 어떤 사람입니까?

✚ 나의 묵상

✚ 오늘의 다짐

신심은 모든 소명과 직업에 적합함

꽃밭❦

하느님께서는 만물을 창조하실 때 초목들이 그 종류에 따라 다양한 열매를 맺을 수 있게 해 놓으셨습니다. 이와 같이 하느님께서는 교회의 살아 있는 나무인 신자들이 그 처지와 직분에 따라 각각 고유한 신심의 열매를 맺기를 바라십니다. 더 나아가 신심은 개인의 능력, 일, 직무에 적합한 것이어야 합니다.

참다운 신심은 아무것도 방해하지 않고 오히려 모든 일을 완성하게 합니다. 자신의 정당한 직무를 망각한 사람의 신심은 그릇된 것임이 분명합니다. 아리스토텔레스에 따르면, 꿀벌은 꿀을 빨아들이면서 꽃을 조금도 상하게 하지 않는다고 합니다.

참된 신심은 더욱 그러합니다. 해야 할 일을 방해하지 않을 뿐 아니라 오히려 더욱 충실하게 하도록 해 줍니다. 보석을 꿀에 담그면 보석의 특성에 따라 광채가 더 밝게 빛난다고 합니다. 이와 같이 자신이 놓인 현실에 신심을 더하면 그 현실은 더욱 풍요로워집니다. 가정은 더욱 화목해지고, 부부간의 사랑이 깊어지며, 애국심이 두터워지고, 자신이 맡은 일을 더욱 즐겁게 할 수 있게 됩니다.

세상에서 생활하는 사람을 완덕으로 이끄는 신심 수행의 방법은 얼마든지 있습니다. 흔히 완덕에 도움이 된다고 여겨지는 외딴곳에서 완덕을 잃어버리는 사람들도 있고, 그와는 정반대의 세상 속에서 완덕에 진보한 사람들도 있습니다. 우리는 어떤 환경에 있든 완덕으로 나아갈 수 있고 또 그렇게 해야 한다는 것을 명심하십시오.

— 제1부 제3장

DATE   /   /   /

4 Day

✚ 내 마음에 닿은 문장

✚ 《신심 생활 입문》 깊이 읽기
- 하느님께서는 우리가 신심의 열매를 어떻게 맺기를 바라십니까?

✚ 나의 묵상

✚ 오늘의 다짐

신심 생활의 진보를 위해서는 지도자가 필요함 (1)

　그대가 신심 생활을 시작하기를 진심으로 원한다면 그대를 지도해 줄 거룩한 사람을 찾아야 합니다. 이는 매우 중요한 일입니다. 성경에는 다음과 같이 기록되어 있습니다.
　"성실한 친구는 든든한 피난처로서 그를 얻으면 보물을 얻은 셈이다. 성실한 친구는 값으로 따질 수 없으니 어떤 저울로도 그의 가치를 달 수 없다. 성실한 친구는 생명을 살리는 명약이니 주님을 경외하는 이들은 그런 친구를 얻으리라. 주님을 경외하는 이는 자신의 우정을 바르게 키워 나가니 이웃도 그의 본을 따라 그대로 하리라."(집회 6,14-17)
　우리가 이미 잘 알고 있는 것처럼 이 말씀은 영원한 생명에 관한 것이며, 이 생명을 얻으려면 먼저 우리의 의논 상대가 되어 우리를 지도하고 마귀의 함정과 유혹에서 지켜 줄 충실한 벗이 필요하다는 뜻입니다. 그 벗은 우리로 하여금 고통과 슬픔, 실패를 이겨 낼 수 있게 해 주는 지혜의 샘이 될 것이며, 우리 영혼이 병들었을 때 치료해 줄 신약神藥이 될 것입니다. 또한 우리를 악에서 보호하여 선으로 이끌고, 우리 병을 고쳐 죽음의 그늘에서 우리를 구해 낼 것입니다.

- 제1부 제4장

DATE   /   /

5 Day

✚ 내 마음에 닿은 문장

✚ 《신심 생활 입문》 깊이 읽기
· 나를 영원한 생명으로 이끌어 줄 사람이 주변에 있는지 묵상해 봅시다.

✚ 나의 묵상

✚ 오늘의 다짐

신심 생활의 진보를 위해서는 지도자가 필요함 (2)

　신심 진보의 여정에서는 참된 벗의 안내를 받는 것이 무엇보다도 중요합니다. 신심 생활을 하는 데 적합한 도움을 줄 수 있는 사람을 보내 주시도록 하느님께 간절히 기도하고, 또 하느님께서 그 기도를 들어주시리라는 것을 조금도 의심해서는 안 됩니다. 하느님께서는 토비야에게 하신 것처럼 착하고 충실한 영적 지도자를 그대에게 보내 주실 것입니다. 그 사람은 하늘이 그대에게 보낸 천사입니다. 그런 사람을 만나면 그대는 그를 평범한 사람으로 생각해서는 안 됩니다. 그러나 그의 인간적 지식에 의지해서는 안 됩니다.

　오직 하느님께 의탁해야 합니다. 하느님께서 그대를 사랑하시어 그대의 행복을 위해 필요한 지도를 그에게 맡기시고, 그를 당신의 중개자로 삼으실 것입니다. 그러므로 그대는 그를 하느님 나라의 길을 가르쳐 주려고 내려온 천사로 알고 그의 말을 잘 들어야 하며, 있는 그대로 솔직하게 그대의 모든 행위를 고백하고 진실한 마음을 열어 보여야 합니다. 그러면 그는 그대의 장점을 발견하여 그것을 잘 발휘할 수 있게 해 주고 그대의 결점을 올바르게 고쳐 줄 것입니다. 또한 그대가 곤경에 놓일 때 그대 마음을 위로하고 격려해 줄 것이며, 그대가 바라던 바를 이룩했을 때 자만하지 않도록 주의를 줄 것입니다. 그대는 그를 진심으로 신뢰하고 존경해야 합니다. 그러나 지나치지 않도록 해야 합니다.

- 제1부 제4장

6 Day

DATE   /   /   /

+ 내 마음에 닿은 문장

+ 《신심 생활 입문》 깊이 읽기
- 신심 생활을 하는 데 도움을 주는 참된 벗을 어떻게 대해야 합니까?

+ 나의 묵상

+ 오늘의 다짐

영혼의 정화로 신심 생활을 시작함 (1)

　마음의 선한 지향이 드러나게 하려면 우리 양심에서 쓸데없는 모든 것들을 잘라 내야 합니다. 구약 시대에 이스라엘 사람의 아내로 선택된 외국인 여자 포로는 포로 생활을 할 때 입었던 옷을 벗고 머리를 자르며 손톱과 발톱을 손질해야 했습니다(신명 21,12 참조). 이처럼 그리스도의 배필이 되는 영광을 얻고자 하는 영혼은 죄에서 벗어나 "옛 인간을 그 행실과 함께 벗어 버리고"(콜로 3,9) 하느님께서 주시는 사랑을 막는 모든 행동과 사고를 멀리해야 합니다. 병의 근원이 되는 악성 매개체를 없애는 것이 건강의 첫걸음입니다.

　사도 바오로, 제노바의 성녀 가타리나, 성녀 마리아 막달레나, 성녀 펠라지아 등은 완전히 정화되어 순결해졌습니다. 그러나 이러한 정화는 마치 자연 세계에서는 죽은 이의 부활과 같은 매우 놀랍고 드문 일이므로 우리는 이런 것을 기대해서는 안 됩니다. 일반적으로 육신의 병 치유나 영혼의 정화는 노력을 통해 서서히 얻을 수 있습니다.

　죄의 생활에서 벗어나 신심 생활로 나아가는 영혼은 새벽녘에 있는 것과 같습니다. 새벽은 한순간에 어두움을 쫓아 버리지 않고 차츰차츰 밝아 옵니다. 서서히 회복되어야 확실하게 치유가 된다는 속담도 있습니다. 영혼의 병도 찾아올 때는 말을 타고 달려들지만, 치유의 길로 돌아갈 때에는 느릿느릿 걸어갑니다.

- 제1부 제5장

DATE   /   /   /

7 Day

✚ 내 마음에 닿은 문장

✚ 《신심 생활 입문》 깊이 읽기
· 선한 지향을 실천하기 위해 어떤 노력을 하고 있는지 묵상해 봅시다.

✚ 나의 묵상

✚ 오늘의 다짐

영혼의 정화로 신심 생활을 시작함 (2)

필로테아 님, 용기와 인내를 가져야 합니다. 한번 신심 생활로 나아간 영혼이 자신에게 아직도 부족한 것이 많음을 깨닫고 두려움과 근심에 사로잡혀 모든 것을 포기하고 싶은 유혹에 빠지는 것은 참으로 안타까운 일입니다. 그러나 이와는 달리 일을 시작한 지 얼마 되지도 않아 벌써 완성했다고 믿고, 날개도 없는데 날려고 하며, 수행을 시작한 첫날에 이미 모든 결점을 없앤 것처럼 생각하는 것도 위험한 일입니다.

영혼의 정화를 위한 수행은 한평생의 과업입니다. 우리의 결점을 깨달았다고 해서 낙담해서는 안 됩니다. 오히려 자신의 결점을 알면 완덕에 이르고자 그 결점과 싸울 수 있습니다. 결점을 깨닫지 못하면 싸울 수도 없고, 더구나 그 싸움을 승리로 이끌지도 못할 것입니다.

악의 유혹을 극복하려면 겸손해야 합니다. 겸손해지려면 때때로 영적 투쟁에서 상처를 받는 것도 나쁘지 않습니다. 활력이나 용기를 잃지 않는 한 싸움에서 진 것이 아닙니다. 영적 생명은 대죄로 잃게 되지, 사소한 결점이나 죄로는 잃지 않습니다. 그러므로 용기를 잃지만 않으면 됩니다. 다윗은 용기를 잃고 절망에 빠지는 일이 없게 해 달라고 하느님께 기도했습니다. 싸우려는 의지가 있는 한 우리가 언제나 이기게 되어 있으므로 이 전투는 우리에게 진정 유리한 것입니다.

- 제1부 제5장

DATE   /   /   /

8 Day

✢ 내 마음에 닿은 문장

✢ 《신심 생활 입문》 깊이 읽기
- 나의 결점을 아는 것은 내가 어떻게 행동하도록 이끌어 줍니까?

✢ 나의 묵상

✢ 오늘의 다짐

제1단계의 정화: 대죄에서 떠남

우리에게 필요한 정화의 첫 단계는 대죄에서 벗어나는 것인데, 그 방법은 고해성사입니다. 다음 네 가지를 잊지 마십시오.

첫째, 죄를 지음으로써 하느님의 은총을 잃어버린 일.
둘째, 하느님 나라에서 누릴 영원한 행복을 상실한 일.
셋째, 지옥에서 영원한 벌을 택한 일.
넷째, 하느님의 무한하신 사랑을 저버린 일.

일반적으로 평범한 삶을 살아가는 신자들이 늘 하는 고해에는 간혹 중대한 결함이 보입니다. 그들은 고해성사를 거의 준비하지 않거나 아주 조금 성찰한 나머지 마음에서 우러나오는 통회를 하지 않기 때문입니다. 흔히들 은연중에 다시 죄를 범하겠다는 의향을 품은 채 형식적인 고백을 하는 경우도 있습니다. 이런 사람들은 죄를 범할 기회를 피하려고 하지 않거나 자신의 삶을 개선하려는 데 반드시 이행해야 할 방법을 취하지도 않습니다.

총고해를 통해 우리는 우리 자신을 인식하는 실마리를 찾게 되며, 영혼 구원을 위해 과거의 잘못된 생활에 대해 통회하게 됩니다. 또한 우리가 회개하기를 기다려 주시는 하느님의 자비를 찬미하게 됨으로써 우리는 위안을 받아 선한 생활을 하고자 노력하게 됩니다.

― 제1부 제6장

DATE   /   /

9 Day

✝ 내 마음에 닿은 문장

✝ 《신심 생활 입문》 깊이 읽기
- 나의 죄를 성찰하는 것을 어렵게 하는 요소는 무엇인지 묵상해 봅시다.

✝ 나의 묵상

✝ 오늘의 다짐

제2단계의 정화: 죄의 경향을 피함

필로테아 님, 그대는 신심 생활을 시작하려고 계획한 이상 죄를 끊어 버리고, 한 걸음 더 나아가 죄에 대한 모든 애착과 성향을 그대 마음에서 온전히 몰아내야만 합니다. 그렇지 않으면 다시 죄를 지을 수도 있습니다. 그리고 그 올바르지 않은 성향 때문에 마음이 지치고 둔해져 기쁜 마음으로 선을 행할 수 없게 됩니다. 신심의 본질은 바로 여기에 있습니다.

이제 막 죄에서 벗어난 사람은 아직 죄에 대한 애착이 남아 있어 마치 큰 병치레를 하느라 얼굴이 야윈 소녀와 같은 상태입니다. 소녀는 더 이상 중환자는 아니지만 심신이 쇠약해져서 식욕도 예전 같지 않고 숙면을 취하기도 어렵습니다. 단시일 내에 회복되기는 어려운 것입니다. 또한 얼굴에 미소를 띠고 있다 해도 마음은 즐겁지 않고, 걸음을 걷는다 해도 간신히 몸을 움직이는 정도일 것입니다. 죄에서 벗어난 지 얼마 되지 않은 영혼은 과거의 죄로 심신이 지친 나머지 선행을 하면서도 기쁨을 느끼지 못하므로 선행을 거의 실천하지 않으며 그 효과도 적습니다.

— 제1부 제7장

DATE   /   /

10 Day

+ 내 마음에 닿은 문장

+ 《신심 생활 입문》 깊이 읽기
· 본문에서 말하는 신심의 본질은 무엇입니까?

+ 나의 묵상

+ 오늘의 다짐

제2단계의 정화를 어떻게 할 것인가

제2단계의 정화를 위해 먼저 권하고 싶은 것은 죄로 인한 엄청난 해악을 명확하게 파악하고 통감하는 것입니다. 이로 말미암아 죄를 통회하는 마음이 강렬하게 일어날 것입니다. 이 단계가 참된 통회에는 비록 미치지 못한다 해도 성사의 은총과 합쳐지면 우리 죄의 더러움을 깨끗이 씻어 줍니다. 그러나 뼈에 사무치게 간절하고 깊은 참회가 있어야만 죄에 대한 애착과 성향을 없앨 수 있습니다.

예를 들면, 누군가에 대한 미움이 그다지 심하지 않을 때에는 그 사람만 피하면 되지만, 미움이 강하고 극심할 때에는 그 사람의 모습을 보는 것은 물론, 그의 친척이나 친구와 말하는 것조차도 싫어지고, 그 사람과 관계되는 것은 모두 싫어지게 됩니다. 이와 마찬가지로 죄를 범한 사람이 여러 모로 부족한 점이 많다 해도 진심으로 참회하면 죄가 역겨워지고 다시는 죄를 범하지 않겠다는 결심을 하게 됩니다. 또한 죄뿐만 아니라 죄에 대한 온갖 애착과 경향은 물론 그 밖에 죄와 관련된 모든 것을 싫어하게 됩니다.

필로테아 님, 우리는 될 수 있는 대로 사소한 죄까지도 통회하면서 고백의 범위를 넓혀 가야 합니다. 마리아 막달레나는 회개한 다음 죄에 대한 애착과 그 쾌락을 완전히 버렸으며 두 번 다시 죄를 범할 생각을 하지 않았습니다. 다윗은 자기가 범한 죄를 통회하여 죄뿐만 아니라 죄를 짓게 만드는 모든 거짓된 길을 피하겠다고 하느님께 맹세했습니다. (시편 119,104 참조).

− 제1부 제8장

11 Day

DATE   /   /

+ 내 마음에 닿은 문장

+ 《신심 생활 입문》 깊이 읽기
  · 우리가 고백의 범위를 넓히려면 어떻게 해야 합니까?

+ 나의 묵상

+ 오늘의 다짐

총고해

　죄를 범하는 것은 부끄러운 일이지만, 일단 고해와 보속이라는 형태로 변화되면 귀한 것이 되고 영혼 구원을 위한 수행이 됩니다. 대체로 통회와 죄의 고백은 아름다운 행위로서 죄의 더러움을 씻어 주고, 하느님 앞에서 은은한 향기로 죄의 썩은 냄새를 없애 줍니다.
　필로테아 님, 하느님께 범한 배은망덕하고 무례한 죄를 혐오하고 뉘우쳐야 합니다. 우리가 범한 죄를 겸손한 마음으로 고백하는 것은 하느님께 영광을 드리는 것입니다. 의사에게 병의 증세를 모두 말하고 치료를 받으면 병이 차츰 낫듯이 고해 사제에게 죄를 고백하면 죄로 말미암은 상처가 치유될 것입니다. 고해 사제 앞에 가면, 골고타에서 그대의 죄를 깨끗이 씻어 주시려고 피를 흘리시며 십자가 위에 매달려 계신 예수 그리스도의 발아래 있는 것처럼 생각하십시오. 고해틀에 무릎을 꿇고 통회하는 사람에게 구세주의 성혈의 공로가 풍성히 내릴 것입니다. 그러므로 그대의 마음을 열고 죄를 고백하여 씻어 내면, 그때마다 주님 수난으로 생긴 존귀한 공로로 그대에게 은총이 충만히 내릴 것입니다.
　죄를 고백할 때에는 솔직 담백하게 하여 양심에 거리끼는 것이 조금도 남아 있지 않도록 해야 합니다. 고백을 끝낸 뒤 하느님의 종인 사제의 훈화와 지시에 귀를 기울이면서 "주님, 말씀하소서. 당신 종은 듣겠나이다." 하고 마음속으로 기도하십시오. 이때 그대가 고해 사제로부터 듣는 말은 하느님의 말씀입니다.

— 제1부 제19장

DATE   /   /   /

12 Day

+ 내 마음에 닿은 문장

+ 《신심 생활 입문》 깊이 읽기
  · 고해성사를 드리고 보속을 바친 뒤, 어떤 기도를 바쳤는지 묵상해 봅시다.

+ 나의 묵상

+ 오늘의 다짐

하느님을 섬기고 통회를 결심하는 맹세

저는 영원하신 하느님과 하늘에 계신 모든 성인들 앞에 나아가 맹세하나이다.

가련하고 보잘것없는 저를 창조하시고 지켜 주셨으며, 숱한 위험에서 구해 주시고 수많은 은혜를 베풀어 주신 주님의 자비하심을 생각하나이다. 무엇보다도 죄 많은 저를 가련히 보시어 저의 죄를 용서하시고 제가 뉘우치도록 이끌어 주시는 하느님의 무한하신 자비를 생각하나이다. 제가 회개하지 않고 주님의 은총을 소홀히 여기고 배은망덕했음에도 아직까지도 제가 회개하기를 기다려 주신 주님의 크신 자비를 생각하나이다.

저는 세례 받을 때 하느님께 드린 약속을 되새겨, 마귀와 세속과 육신의 쾌락을 끊고 악마의 계략에 빠지지 않으며 영원토록 유혹에 빠지지 않기로 굳게 맹세하나이다.

이제 저는 자비가 충만하신 하느님을 따르고, 영원무궁토록 주님을 섬기고 사랑하기를 간절히 바라나이다. 또한 저의 영혼과 마음, 그리고 저의 사랑과 저의 모든 것을 주님께 바치나이다. 앞으로 주님의 거룩하신 뜻과 존엄을 거스르는 일을 하지 않기로 다짐하고, 주님께 저를 봉헌하고 변함없이 주님께 순종하는 성실한 종이 될 것을 약속드리오며, 이 약속을 어기는 일을 하지 않을 것을 맹세하나이다.

― 제1부 제20장

DATE   /   /

18 Day

✝ 내 마음에 닿은 문장

✝ 《신심 생활 입문》 깊이 읽기
- 세례 때 하느님께 드린 약속을 되새기며 무엇을 굳게 맹세해야 합니까?

✝ 나의 묵상

✝ 오늘의 다짐

정화 2: 소죄의 습성을 버려야 할 이유 (1)

　우리 안에 계시는 성령께서 우리 양심을 밝게 비추시면 참된 신심 생활에 방해가 되는 죄와 나쁜 기질과 결점들이 분명하게 드러납니다. 그리고 성령께서 빛을 비추어 주시면 우리는 그 죄와 악행을 깨끗이 씻어 버릴 수 있다는 희망을 갖게 됩니다.
　그대가 이미 대죄와 그 영향에서 벗어났다 해도 그대에게는 아직 소죄를 짓게 만드는 여러 가지 경향들이 남아 있습니다. 이 말은 그대에게 소죄가 있다는 것이 아니라 소죄를 범할 습성이 여전히 그대 안에 자리하고 있다는 뜻입니다. 그것은 아주 다른 이야기입니다. 소죄도 없이 완전히 결백하고 순결한 상태를 오래 유지하기란 불가능할 것입니다. 그러나 소죄의 습성에 젖어 들지 않을 수는 있습니다. 악의 없이 사소한 거짓말을 한두 번 하는 것과 습관적으로 거짓말을 하는 것은 완전히 다릅니다.
　그러므로 소죄의 습성을 버리고 그대의 영혼을 정화하고자 노력하십시오. 아무리 사소한 죄라도 죄인 줄 알면서 범하려는 생각을 해서는 안 됩니다. 영원히 대가를 치러야 하는 대죄와 달리, 하느님께서 소죄 때문에 진노하시지는 않겠지만, 아무리 사소한 죄라도 하느님의 뜻을 거역하는 것이기 때문입니다. 그러므로 소죄에 대한 미련은 하느님의 존엄을 거스르겠다는 것과 다름없습니다. 하느님을 거스르고 그분을 배반하고자 하는 것이 선한 영혼에게 있을 수 있는 일입니까?

－ 제1부 제22장

14 Day

DATE   /   /   /

✝ 내 마음에 닿은 문장

✝ 《신심 생활 입문》 깊이 읽기
· 자주 범하는 소죄를 극복하기 위해 어떤 노력을 했는지 묵상해 봅시다.

✝ 나의 묵상

✝ 오늘의 다짐

정화 2: 소죄의 습성을 버려야 할 이유 (2)

　필로테아 님, 대죄에 대한 애착이 하느님의 사랑을 거스르듯이, 소죄에 대한 애착은 우리의 신심을 거스릅니다. 소죄에 대한 애착은 우리의 정신을 약하게 하고, 하느님의 말씀을 가로막으며 유혹에 우리 마음의 문을 열게 함으로써, 비록 영혼을 파괴하지는 않는다 해도 결국에는 병들게 합니다. 성경에도 "죽은 파리 하나가 향유 제조자의 기름을 악취 풍기며 썩게 한다."(코헬 10,1)라는 말씀이 있습니다. 파리가 향유 위에 잠깐 앉아서 핥기만 했다면 괜찮겠지만 만일 향유 속에 빠져죽으면 그 향유는 상해 버립니다. 이와 같이 신심 깊은 사람이 잠시 소죄를 지었을 경우 그 영혼이 그다지 심각한 상처를 입지 않으나, 오랫동안 반복해서 지으면 영혼은 파괴되고 맙니다.

　진실 없는 말과 행동, 사소한 거짓과 농담도 그 즉시 퇴치하십시오. 만일 이를 묵인하고 용납하여 우리 마음속에 자리 잡도록 방치한다면, 머지않아 마음의 꿀은 없어지고 양심의 벌통은 폐허가 되고 말 것입니다. 다시 한번 그대에게 묻겠습니다. 하느님께서 싫어하시는 것을 알면서도 하느님의 뜻을 거역하며, 미움 받을 짓을 하는 사람을 어떻게 신심 깊은 사람이라고 말할 수 있겠습니까?

- 제1부 제22장

15 Day

DATE   /   /

+ 내 마음에 닿은 문장

+ 《신심 생활 입문》 깊이 읽기
- 소죄에 대한 애착은 우리를 어떻게 병들게 합니까?

+ 나의 묵상

+ 오늘의 다짐

정화 3: 위해한 것에 대한 집착에서 벗어남

카드놀이와 내기, 연회와 무도회, 연극 관람 등은 그 자체로는 해롭지 않습니다. 때로는 좋을 수도 있지만 그런 것들에 너무 집착하면 해롭습니다.

필로테아 님, 오락과 춤, 화려한 옷차림과 파티, 고상한 연극 관람 같은 것들이 그릇된 행동은 아니지만 그런 것들에 집착하게 되면 신심 수행에 방해가 되어 우리 영혼에 해가 됩니다. 그럼에도 불구하고 안타깝게도 많은 사람들이 그들의 마음 안에 공허하고 어리석은 애착을 갖고 있습니다. 이런 것들은 양심의 선한 의지를 가로막고, 좋은 습관을 갖지 못하도록 방해합니다.

옛날 나지르인 서원자는 알코올 성분이 있는 모든 음료는 물론, 포도나 발효 성분이 있는 포도 식초도 마시지 않았습니다(민수 6,2-21 참조). 취할까 봐 마시지 않은 것이 아니라 그것을 먹으면 포도주를 마시고 싶어지고, 그러다 보면 술을 마시고 싶은 생각이 들기 때문입니다. 이 말의 뜻은 위에서 말한 유흥을 즐겨서는 안 된다는 것이 아닙니다. 다만 이것에 애착하면 그 결과로 신심이 손상된다는 점을 강조하고 싶은 것입니다.

사람의 마음도 무익하고 쓸데없는 애착에 사로잡히면 진정한 신심 생활의 근원이신 하느님의 품에 신속하게 안길 수 없게 됩니다. 그대는 그러한 애착에서 벗어나 마음을 정화해야 합니다.

— 제1부 제23장

16 Day

DATE   /   /

✚ 내 마음에 닿은 문장

✚ 《신심 생활 입문》 깊이 읽기
· 무익하고 쓸모없는 것에 마음을 빼앗기는 원인은 무엇일지 묵상해 봅시다.

✚ 나의 묵상

✚ 오늘의 다짐

정화 4: 영혼의 정화

필로테아 님, 우리에게는 앞에서 말한 것 외에 대죄나 소죄를 지으려는 성향과는 다른 자연적 성향이 있습니다. 이를 불완전함이라고 하며, 여기서 나온 행위를 단점이라고 말합니다. 예로니모 성인이 전하는 바에 따르면, 바울라 성녀에게는 쉽게 슬픔에 빠지는 성향이 있었다고 합니다. 그녀는 남편과 아들을 잃고 슬퍼하여 실신을 했는데, 이것은 그녀의 불완전함이지 그녀가 죄를 지은 것은 아닙니다. 왜냐하면 그녀의 의지와는 상관없는 문제이기 때문입니다. 사람들 중에는 성향에 따라 경솔한 사람도 있고 신중한 사람도 있습니다. 남의 충고를 쉽게 받아들이지 않는 고집불통인 사람이 있는가하면, 욱하는 성질에 쉽게 화를 내는 사람도 있고, 쉽게 사랑에 빠지는 사람도 있습니다. 한마디로 불완전하지 않은 사람은 매우 드뭅니다. 우리 모두는 그렇게 불완전하게 태어났지만 노력하고 덕을 쌓음으로써 이를 바로잡고 개선할 수 있습니다.

필로테아 님, 진정 그대도 이와 같이 해야 합니다. 사람들은 쓴맛을 내는 아몬드 나무에서 달콤한 열매를 맺는 방법을 알아냈습니다. 그것은 달콤한 열매를 맺는 가지에 접을 붙이는 것입니다. 그렇다면 우리도 악한 성향을 착한 성향으로 바꿀 수 있지 않겠습니까? 세상에는 나쁜 영향을 받아도 악화되지 않는 착한 천성은 없고, 하느님의 은총을 입어 열심히 노력해도 고치지 못할 만큼 악한 천성도 없습니다.

- 제1부 제24장

17 Day

DATE   /   /

✚ 내 마음에 닿은 문장

✚ 《신심 생활 입문》 깊이 읽기
· 대죄나 소죄를 지으려는 자연적 성향에서 나온 행위는 무엇입니까?

✚ 나의 묵상

✚ 오늘의 다짐

제2부

하느님과 하나 되기 위해
— 기도와 성사

기도의 필요성 (1)

① 우리가 기도를 드리면 하느님께서는 당신의 빛으로 우리 이성을 비추어 주시고 초자연적인 사랑의 불꽃으로 우리 의지를 따뜻하게 데워 주십니다. 우리 이성이 무지를 깨치고 우리 의지가 타락에서 벗어난다면 우리 영혼에 이보다 더 유익한 일은 없습니다. 기도는 하느님께서 내리시는 축복의 물입니다. 이 물은 우리 안에 흐르며 선한 생각의 싹을 틔우고 영혼의 결함을 씻어 내 주며 마음의 갈증을 해소해 줍니다.

② 특히 내가 그대에게 권하고 싶은 것은 마음의 기도, 곧 묵상 기도이며, 그중에서도 주님의 생애와 수난에 대한 묵상입니다.

필로테아 님, 우리가 아버지이신 하느님께 다가갈 수 있는 유일한 문은 그리스도뿐입니다. 마치 유리 뒷면에 주석이나 납을 칠해 놓아야 사물을 비추는 거울이 되는 것처럼, 이 세상에서 인간이 하느님을 만나려면 신성에 대한 묵상 아래 구세주의 거룩한 인성에 대한 묵상을 겸해야 합니다. 그러니 그분의 생애와 죽음은 우리가 매일 묵상하는 데 가장 적합하고 감미로우며 유익한 소재입니다. 구세주께서 몸소 하늘에서 내려온 빵이라고 하신 말씀은 결코 무의미한 것이 아닙니다. 우리가 빵과 함께 여러 가지 음식을 먹는 것처럼, 모든 기도와 행위를 하는 가운데 주님을 묵상해야 합니다.

– 제2부 제1장

DATE   /   /   /

18 Day

+ 내 마음에 닿은 문장

+ 《신심 생활 입문》 깊이 읽기
· 본문에서 권고하는 기도를 바칠 때, 특히 무엇을 묵상하라고 권합니까?

+ 나의 묵상

+ 오늘의 다짐

기도의 필요성 (2)

⑥ 사도신경, 주님의 기도, 성모송 등은 되도록 그 뜻을 암송하는 것이 좋습니다. 이 거룩한 기도문 속에 담긴 놀랍고 감미로운 뜻을 음미해 보십시오. 그대는 이 기도들에 마음을 집중하여 기도의 내용과 자신의 감정을 일치시키고자 노력하십시오. 기도문을 빨리, 많이 외우려 하지 말고 기도문의 뜻을 마음에 새기면서 천천히 바치십시오. 주님의 기도를 정성 들여 한 번 바치는 것이 서둘러 여러 번 바치는 것보다 훨씬 더 유익합니다.

⑦ 묵주 기도는 제대로 바치면 매우 유익한 기도가 됩니다. 묵주 기도를 바치는 방법을 소개하는 책이 많이 있습니다. 또한 예수 성심 호칭 기도, 성모 호칭 기도, 성인 호칭 기도와 그 밖에 기도서에 나와 있는, 교회에서 인가한 기도를 바치는 것도 유익합니다. 다만 하느님께서 그대에게 묵상을 할 수 있는 특별한 능력을 주셨다면 먼저 묵상부터 시작하십시오. 묵상을 한 뒤에 바쁜 일이나 다른 이유 때문에 염경 기도를 바치지 못한다 해도 조금도 염려하지 마십시오. 묵상 뒤에 주님의 기도와 성모송과 사도신경을 외우면 그것으로 충분합니다.

– 제2부 제1장

19 Day

DATE   /   /

+ 내 마음에 닿은 문장

+ 《신심 생활 입문》 깊이 읽기
- 사도신경, 주님의 기도, 성모송 등을 바치는 좋은 방법은 무엇입니까?

+ 나의 묵상

+ 오늘의 다짐

묵상의 준비 단계 1: 하느님 앞에 있음을 묵상함

내가 알려 주는 묵상 방법에는 두 가지 준비 단계가 필요합니다. 첫째 단계는 자신이 하느님 앞에 있음을 느끼는 것이고, 둘째 단계는 하느님께 도움을 청하는 것입니다. 그대가 하느님 앞에 있음을 느끼고자 하는 데 필요한 네 가지 중요한 방법을 제시하겠습니다.

첫째 방법은 하느님께서 어느 곳에나 계시다는 것을 철저히 인식하는 것입니다. 신앙으로는 하느님께서 현존하심을 알아도 우리 눈에 보이지 않으므로 가끔 이를 잊고 하느님께서 멀리 계시는 것처럼 행동하기 쉽습니다.

둘째 방법은 하느님께서 지금 그대가 있는 곳에, 특히 그대 마음과 영혼 깊은 곳에 계심을 명심하는 것입니다.

셋째 방법은 구세주께서는 하늘나라 옥좌에서 세상 모든 사람들, 특히 당신의 자녀인 신자들, 그중에서도 열심히 기도하고 있는 이들을 바라보고 계심을 묵상하는 것입니다.

넷째 방법은 그대의 상상력을 동원하여 인성을 취하신 구세주께서 그대 옆에 계시는 모습을 그려 보는 것입니다. 우리는 주님의 모습을 상상하며 주님의 모습이 눈에 선하다고 말할 수 있을 정도로 주님의 모습을 상상해야 합니다.

그대는 묵상 전에 이 네 가지 방법 중 하나를 선택하여 하느님 앞으로 나아가십시오. 그러나 이 네 가지 방법을 한꺼번에 실행하지 말고 한 번에 한 가지씩 사용하여 짧고 간단하게 실행하십시오.

— 제2부 제2장

20 Day

DATE   /   /   /

✚ 내 마음에 닿은 문장

✚ 《신심 생활 입문》 깊이 읽기
- 네 가지 방법 중 하나를 실천해 보고, 어떤 묵상을 하였는지 적어 봅시다.

✚ 나의 묵상

✚ 오늘의 다짐

묵상의 준비 단계 2: 하느님께 도움을 청함

하느님께 도움을 청할 때에는 다음과 같이 하십시오. 하느님 앞에 나아갈 때에는 그대가 존엄하신 하느님 앞에 나아가기에 부당한 존재임을 인정하는 겸손한 마음을 지니십시오. 그다음 그대가 하느님 앞에 오게 된 것은 주님의 자비로우심 때문임을 깨닫고 묵상하는 동안 주님을 극진히 섬기고 흠숭하기에 필요한 은총을 베풀어 주시기를 주님께 간구하십시오. 이를 위해 다음과 같은 짧지만 열렬한 기도를 바치는 것도 좋을 것입니다.

"당신의 면전에서 저를 내치지 마시고 당신의 거룩한 영을 제게서 거두지 마소서."(시편 51,13)

"당신 얼굴이 당신 종 위에 빛나게 하시고, 당신의 법령을 저에게 가르쳐 주소서."(시편 119,135)

"저를 깨우치소서. 당신의 가르침을 따르고 마음을 다하여 지키오리다."(시편 119,34)

"저는 당신의 종, 저를 깨우치소서. 당신의 법을 깨달으리이다."(시편 119,125)

그대의 수호천사를 생각하거나 그대가 생각하는 특별한 신비와 관련된 성인들을 떠올리는 것도 좋습니다. 예를 들면, 예수님의 죽음에 대해 묵상할 때에는 성모님과 성 요한 사도, 성녀 마리아 막달레나, 그리고 회개한 죄수에게 그들이 그 당시 느꼈던 감정과 결심을 그대도 느끼게 해 달라고 청하십시오.

- 제2부 제3장

DATE   /   /

21 Day

+ 내 마음에 닿은 문장

+ 《신심 생활 입문》 깊이 읽기
- 나의 세례명의 수호성인께 도움을 요청하는 기도문을 적어 봅시다.

+ 나의 묵상

+ 오늘의 다짐

묵상의 준비 단계 3: 상상력으로 신비를 떠올림

예수님에 대해 묵상할 때에는 그대가 실제로 골고타에 있는 것처럼 상상하십시오. 십자가 아래서 주님께서 수난당하시는 것을 직접 보고 듣는 것처럼 상상하십시오. 당신이 있는 곳에서 복음사가들이 묘사한 모든 일들이 일어나고 있다고 상상하십시오. 그 밖에 죽음이나 지옥을 묵상할 때에는 그대가 현장에서 그 일을 생생하게 겪고 있는 것처럼 생각하십시오. 모든 구체적이고 감각적인 것에 대한 묵상은 이와 같은 방법으로 하십시오.

물론 상상력을 동원하면 신비를 떠올리는 것에 정신을 집중시킬 수 있고, 생각이 이리저리 방황하는 것을 막을 수는 있습니다. 그러나 그것은 마치 작은 새를 새장에 넣는 것과 같으며, 독수리를 달아나지 못하도록 붙잡아 매어 두는 것과 같습니다. 어떤 이는 그대의 마음 안에 그 신비를 떠올리는 것이 진행되고 있는 것처럼 생각하고 이런 것을 순수하게 영적으로 인식해야 한다고 권하기도 할 것입니다. 그러나 이 방법은 초보자가 실행하기에는 너무 고차원적인 방법입니다.

필로테아 님, 하느님께서 그대를 더 높이 인도하실 때까지 내가 가르쳐 준 낮은 단계부터 수행하는 것이 그대에게 알맞은 묵상 방법이 될 것입니다.

— 제2부 제4장

DATE   /   /   /

22 Day

+ 내 마음에 닿은 문장

+ 《신심 생활 입문》 깊이 읽기
- 제시된 방법대로 기도했을 때, 평소와 달랐던 점은 무엇인지 묵상해 봅시다.

+ 나의 묵상

+ 오늘의 다짐

묵상의 제3단계: 결심

　묵상을 통해 우리의 감정과 의지는 바람직하게 활성화됩니다. 예를 들면, 하느님과 이웃에 대한 사랑, 하늘나라의 영광에 대한 갈망, 영혼 구원을 위한 열의, 주님을 본받음, 동정, 감사, 하느님의 의노와 심판에 대한 두려움, 지은 죄에 대한 혐오감과 지난날들에 대한 수치심, 하느님의 자비에 대한 신뢰 등을 갖게 됩니다. 이러한 감정이 느껴질 때에는 될 수 있는 대로 그 감정을 계속 고취시켜야 합니다. 이를 위해 도움이 필요하면 《준주성범》이나 《영적 전투》 또는 그대에게 도움이 될 만한 신심 서적을 읽으십시오.
　필로테아 님, 그러나 쓸데없는 감정에 얽매여 그대 자신의 진보를 위한 특별한 결심을 세우는 일을 소홀히 해서는 안 됩니다. 예를 들면, 우리의 주님이신 예수님께서 십자가 위에서 "아버지, 저들을 용서해 주십시오. 저들은 자기들이 무슨 일을 하는지 모릅니다."(루카 23,34)라고 하신 말씀을 묵상하면서, 예수님을 본받아 원수를 용서하고 사랑하겠다는 결심으로 그대의 영혼을 채워야 합니다. 그러나 그것으로는 충분하지 않습니다. 당장 실천할 수 있는 구체적이고 실질적인 결심을 해야 합니다.
　예를 들면, 이웃 사람들이나 가족에게 나를 무시하고 불쾌한 말이나 행동을 해도 괜찮다고 말해 줌으로써 그들을 안심시켜 주겠다는 등의 결심을 하십시오. 이렇게 하면 막연한 결심이나 노력으로 쉽게 고칠 수 없는 결점들을 바로잡을 수 있을 것입니다.

- 제2부 제6장

23 Day

DATE   /   /   /

✢ 내 마음에 닿은 문장

✢ 《신심 생활 입문》 깊이 읽기
- 묵상을 통해 감정과 의지가 바람직하게 활성화되면 무엇을 갖게 됩니까?

✢ 나의 묵상

✢ 오늘의 다짐

마무리와 영적 꽃다발

묵상 끝에는 겸손한 마음으로 그대가 힘써 해야 할 세 가지 일이 있습니다. 첫째는 감사를 드리는 것입니다. 그대가 감동을 느끼고 결심하게 해 주신 것과 묵상 중에 깨달은 주님의 자비에 대해 하느님께 감사드려야 합니다. 둘째는 선하심과 자비하심, 아드님의 죽으심과 공로에 화합하는 그대의 결심을 하느님께 봉헌하는 것입니다. 셋째는 당신 아드님의 죽으심의 공로를 나누어 주시기를 간구하고, 그대의 결심에 축복하시어 이를 실천할 수 있게 해 주시기를 청해야 합니다. 또한 성교회와 성직자들과 친척과 친지들, 그 밖에 여러 사람을 위해 기도하고, 특히 모든 신자들에게 필요한 주님의 기도, 성모송, 영광송을 바치십시오.

마지막으로 작은 영적 꽃다발을 만드는 일은 앞서 언급한 바와 같습니다. 꽃이 만발한 아름다운 정원을 산책하다가 떠날 때 사람들은 꽃을 몇 송이라도 꺾어 그 향기를 하루 종일 맡고 싶어 합니다. 그와 같이 묵상의 정원에 있는 꽃 두세 송이로 꽃다발을 만들어 주님께 바치십시오. 어떤 신비에 대해 묵상했으면 그중 그대가 감동한 것을 성찰하고, 묵상했던 것 중에서 그대의 관심을 끌었거나 그대에게 유익한 두세 가지를 택하여 그날 하루 종일 기억하며 그 영적 향기를 즐기십시오.

- 제2부 제7장

DATE   /   /   /

24 Day

+ 내 마음에 닿은 문장

+ 《신심 생활 입문》 깊이 읽기
· 오늘 주님께 감사드릴 일이 있다면 이를 영적 꽃다발로 봉헌합시다.

+ 나의 묵상

+ 오늘의 다짐

묵상에 관한 몇 가지 주의 사항

무엇보다도 유념해야 할 점은 묵상 중에 결심한 것을 그날 중에 실천하는 것입니다. 묵상의 가장 중요한 결실은 실천이기 때문입니다. 실천이 없으면 묵상은 무익할 뿐만 아니라 때로는 해가 되기도 합니다. 묵상만 하고 실천하지 않으면 우리는 교만해지기 쉽고 자칫하면 그것을 이미 실천한 것으로 착각할 수도 있습니다.

묵상이 끝난 뒤에라도 그대의 마음이 산만해지지 않도록 늘 조심하십시오. 그렇지 않으면 묵상으로 힘들여 얻은 향수를 쏟아 버리는 것과 같습니다. 가급적이면 묵상 뒤 잠시 침묵하면서 결심한 바를 마음속에 새기고, 묵상으로 얻은 느낌을 오래 간직하고자 노력해야 합니다.

묵상을 끝내고 일상으로 돌아가, 묵상 중에 받은 감격을 이어갈 수 없다 할지라도, 묵상에서 일로 옮겨가는 습관을 들여야 합니다. 일상의 일이나 묵상 모두 하느님의 뜻이므로 무엇을 하든 겸손하고 경건한 마음으로 해야 합니다. 성찰 뒤에 결심을 하라고 한 것은 단지 묵상의 단계를 구분하려는 목적입니다.

결심하려는 마음이 일어나면 자연스럽게 따르는 것이 좋습니다. 그러나 결심은 성찰 뒤에 그리고 되도록이면 묵상 끝에 하는 것이 좋습니다. 왜냐하면 구체적인 결심을 하려면 일상생활의 특수한 상황을 고려해야 하는데, 통회 중에 결심을 시도하면 마음이 분산될 우려가 있기 때문입니다.

— 제2부 제8장

25 Day

DATE   /   /

✛ 내 마음에 닿은 문장

✛ 《신심 생활 입문》 깊이 읽기
- 묵상의 가장 중요한 결실은 무엇이며, 이것이 중요한 까닭은 무엇입니까?

✛ 나의 묵상

✛ 오늘의 다짐

묵상 중 마음의 무미건조함

필로테아 님, 묵상 중에 아무런 위안을 느끼지 못한다 해도 걱정하지 마십시오. 주님께 큰 소리로 하소연하고, 그대가 부덕한 존재임을 고백하며 도움을 청해도 됩니다. 지니고 있는 성화나 성상이 있으면 그것을 바라보며 "저에게 축복해 주시지 않으면 놓아 드리지 않겠습니다."(창세 32,27)라고 한 야곱의 말을 되풀이하든지 또는 가나안 여인처럼 "주님, 그렇습니다. 그러나 강아지들도 주인의 상에서 떨어지는 부스러기는 먹습니다."(마태 15,27) 하고 말씀드리는 것도 좋습니다. 또는 신심 서적을 펴 들고 그대의 정신이 맑아질 때까지 정독하는 것도 좋으며, 사람들의 눈에 띄지 않는 한적한 곳에서 가슴에 손을 모으고 무릎을 꿇거나 십자가에 입맞춤하는 등 외적으로 경건한 태도를 취하는 것도 좋은 방법입니다.

만일 하느님께서 우리에게 말씀을 건네시고 당신의 거룩한 영감과 내적 위로로써 우리의 마음과 대화를 나누신다면, 이는 더할 수 없는 영광이며 감미로운 행복입니다. 그러나 이와는 달리 은총도 주시지 않고 마치 당신 앞에 있는 우리를 못 본 체하시는 것처럼 느껴진다 해도 우리는 하느님 앞에 그대로 머물러 있어야 합니다. 경건한 마음으로 조용히 인내하며 기다리면 반드시 주님께서는 우리의 근면과 인내를 보시고 기뻐하실 것입니다. 그러면, 다음번에 하느님 앞에 나아갈 때 은혜를 베푸시어 우리를 위안해 주시고 거룩한 묵상으로 얻는 기쁨을 모두 맛보게 해 주실 것입니다.

- 제2부 제9장

DATE   /   /   /

26 Day

✚ 내 마음에 닿은 문장

✚ 《신심 생활 입문》 깊이 읽기
· 주님을 인내하며 기다리면 우리에게 베풀어 주시는 것은 무엇입니까?

✚ 나의 묵상

✚ 오늘의 다짐

아침 영성 수련

신심 생활에 도움이 되는 간단한 기도 방법이 있습니다. 그중에서 가장 중요한 것으로는 아침 기도가 있습니다.

① 밤새 그대를 안전하게 지켜 주신 하느님의 은혜에 감사와 흠숭을 드리십시오. 하느님을 거스른 행위에 대해 용서를 청하십시오.

② 오늘 하루는 그대가 영원한 생명을 얻을 수 있도록 하느님께서 주신 시간임을 생각하고 보람 있게 보낼 것을 굳게 결심하십시오.

③ 오늘 하느님을 섬기고자 어떤 일을 할 것인지, 또 어떤 유혹(분노, 허영 등)에 빠져 주님의 뜻을 거역하게 되는지 미리 생각해 보십시오. 그리고 그것을 통해 하느님을 섬기고 신심을 진보시키는 기회로 삼겠으며, 하느님의 구원 사업과 영광에 방해가 되는 것은 피하거나 싸워 이기겠다고 굳게 결심해야 합니다. 그러나 그러한 결심을 하는 것만으로는 충분하지 않고 이를 실천할 효과적인 방법을 생각해 두어야 합니다.

④ 그다음에는 악을 피하는 일이나 선을 행하는 일은 그대의 힘만으로는 불가능하다는 것을 하느님께 겸손하게 말씀드리십시오. 또한 그대의 이러한 마음과 결심을 하느님께 봉헌하며 도움을 청하십시오.

이러한 모든 것은 침실을 나오기 전에 간단하면서도 진심을 담아 해야 합니다. 이것으로써 그대의 하루 일과가 하느님의 축복으로 윤택하게 될 것입니다.

― 제2부 제10장

27 Day

DATE   /   /   /

+ 내 마음에 닿은 문장

+ 《신심 생활 입문》 깊이 읽기
· 주님의 구원 사업에 참여하기 위해 해야 할 일을 정하고, 이를 실천합시다.

+ 나의 묵상

+ 오늘의 다짐

저녁 영성 수련과 양심 성찰

저녁 식사 전에 한가할 때 잠시 무릎을 꿇고 십자가에 달리신 주 예수 그리스도를 생각하며(간단한 성찰이나 정신 집중) 기도와 겸손과 사랑을 구세주께 드림으로써 마음에 아침 묵상의 불을 다시 지펴야 합니다. 이를 위해 아침 묵상 중에 특별하게 마음에 와 닿은 부분을 다시 묵상해도 좋고, 그대가 원하는 다른 소재를 택해도 좋습니다. 잠자리에 들기 전에 다음과 같이 양심 성찰을 해 보십시오.

① 하루 동안 그대를 보호해 주신 하느님의 은혜에 감사드리십시오.

② 하루 종일 그대가 한 행동에 대해 성찰하십시오. 성찰을 쉽게 하고자 언제, 어디에 있었으며, 누구와 지냈고, 무엇을 했는지를 차례차례 천천히 생각해 보십시오.

③ 선행을 했으면 하느님께 감사드리고, 이와 반대로 생각과 말과 행동으로 죄를 범했으면 하느님께 용서를 구하고, 틈나는 대로 고해성사를 보며 다시는 죄를 짓지 않도록 결심하십시오.

④ 그대의 영혼 육신과 성교회 그리고 친척과 친지들을 하느님의 섭리에 맡기고, 성모님과 수호천사와 성인들에게 전구해 주시기를 청한 다음 하느님께 은총을 내려 주시기를 청하십시오.

아침 기도는 그대의 영혼에 정의의 태양 빛이 들어올 수 있도록 영혼의 창문을 여는 것이고, 저녁 기도는 밤사이 지옥의 암흑이 그대 영혼에 들어오지 못하도록 영혼의 창문을 닫는 것입니다.

― 제2부 제11장

28 Day

DATE   /   /   /

✚ 내 마음에 닿은 문장

✚ 《신심 생활 입문》 깊이 읽기
· 오늘 하루 동안 생각과 말로 죄를 범한 적은 없는지 묵상해 봅시다.

✚ 나의 묵상

✚ 오늘의 다짐

영적 은둔

하루 일과 중 될 수 있는 대로 자주 하느님을 생각하고, 하느님께서 하시는 일과 그대 자신이 하고 있는 일을 성찰하십시오. 자비로우신 하느님께서는 늘 당신을 바라보고 계시며 언제나 그대를 보호하고 계십니다. 새들은 높다란 나뭇가지 위에 둥지를 틀고, 사슴은 나무 그늘 아래서 뜨거운 태양 빛을 피합니다. 우리의 마음도 안식처가 필요합니다. 골고타나 주님의 상처에서, 또는 틈나는 대로 주님의 곁에서 바쁜 세상사를 벗어나 휴식을 취하고, 그곳을 세상 유혹으로부터 우리를 보호해 주는 피난처로 삼으십시오.

그대 몸은 세상사에 매여 있지만, 그대 마음은 종종 피난처에 숨어 있어야 합니다. 주변 사람들로 말미암아 방해를 받을지라도 그대의 마음은 언제나 하느님 곁에 머물러야 합니다. 거룩한 은둔을 방해하는 세상사는 그리 많지 않습니다.

시에나의 가타리나 성녀는 부모님의 방해로 기도할 곳이나 시간이 없었습니다. 그러나 주님께서는 가타리나의 마음 안에 작은 성당을 지어 주시어 아무리 바쁜 일과 중에라도 거룩한 은둔을 즐길 수 있는 방법을 가르쳐 주셨습니다. 그 이후부터 성녀는 어느 누가 괴롭히더라도 개의치 않았습니다. 그녀는 이 비밀스러운 작은 성당에 숨어 하늘에 계시는 배필이신 주님으로부터 위로를 받을 수 있었기 때문입니다. 그대도 때때로 주위 사람들과 떨어져 하느님과 만나 마음의 대화를 주고받을 수 있는 그대 마음속으로 들어가십시오.

— 제2부 제12장

DATE   /   /   /

29 Day

✚ 내 마음에 닿은 문장

✚ 《신심 생활 입문》 깊이 읽기
- 하느님을 자주 생각하며 그분 곁에 머물고자 하는지 묵상해 봅시다.

✚ 나의 묵상

✚ 오늘의 다짐

열망, 화살기도 그리고 선한 지향 (1)

우리가 하느님 곁으로 은둔하려는 것은 하느님을 사랑하기 때문입니다. 그리고 하느님을 사랑하는 것은 그분 곁에 숨으려는 것입니다. 이렇듯 하느님에 대한 사랑과 영적 은둔은 서로 영향을 끼치며, 이 둘은 모두 선한 생각에서 비롯되는 것입니다.

필로테아 님, 끊임없이 하느님을 열망하고, 짧지만 열렬한 기도를 드림으로써 하느님에 대한 사랑을 표현하십시오.

화살기도를 통해 우리 마음은 하느님과 친밀해지며, 우리 영혼은 하느님 현존의 향기에 흠뻑 젖게 됩니다. 화살기도는 세상일을 하면서도 아무런 방해를 받지 않고 쉽게 바칠 수 있는 기도입니다. 이미 언급한 영적 은둔과 이 기도는 방해하는 것이 아니라 오히려 일을 성공적으로 마치는 데 도움이 됩니다.

세상에는 여러 가지 화살기도를 수록해 놓은 책이 많습니다. 모두 유익한 것이지만 책에 적혀 있는 말마디 하나하나에 얽매이지 말고 하느님을 사랑하는 마음에서 우러나오는 기도를 자유롭게 표현하는 것이 더욱 좋다고 생각합니다. 그러나 시편에 많이 나오는 화살기도들과 아가서에 나오는 사랑의 속삭임 등과 같이 특별한 힘을 주는 기도문들도 있습니다. 또한 성가도 정성스러운 마음으로 부르면 같은 효과를 내는 화살기도가 됩니다.

- 제2부 13장

DATE   /   /   /

30 Day

✚ 내 마음에 닿은 문장

✚ 《신심 생활 입문》 깊이 읽기
- 본문에서 말하는 화살기도의 장점은 무엇입니까?

✚ 나의 묵상

✚ 오늘의 다짐

열망, 화살기도 그리고 선한 지향 (2)

하느님을 사랑하는 사람도 끊임없이 주님을 생각하고 주님을 위해 살며, 주님을 열망하고 주님에 대한 말을 합니다. 그리고 할 수만 있다면, 세상 모든 사람들의 가슴속에 예수님의 거룩한 이름을 새기기를 바랍니다.

아시시의 프란치스코 성인은 병아리가 어미 닭 품에 모여 있는 것을 보고 "주님, 당신의 날개 그늘에서 쉬게 해 주소서."라며 기도했고, 해바라기 꽃을 보고는 "주님, 제 영혼이 이 꽃처럼 당신의 사랑으로 환하게 피어날 날이 언제쯤 오겠나이까?"라고 말했으며, 아름답지만 향기가 없는 색색의 오랑캐꽃을 보고는 "내 생각도 이와 같구나. 듣기에는 그럴 듯하지만 아무런 실천도 하지 못하니……." 하며 탄식했다고 합니다.

필로테아 님, 선한 지향과 하느님에 대한 사랑은 이런 평범한 일상에서 비롯됩니다. 피조물을 창조주 하느님으로부터 이탈시켜 죄악에 이용하는 사람들은 하느님의 벌을 면치 못할 것입니다. 그러나 하느님께서는 창조주 하느님의 영광을 찬미 찬송하도록 피조물을 돕는 사람들에게는 큰 축복을 내리실 것입니다. 화살기도 없이는 관상 생활을 제대로 할 수 없으며, 노력을 한다 해도 헛수고가 될 것입니다. 화살기도가 없으면 휴식은 나태로 변하고, 노력을 해도 초초함만 더할 것입니다.

- 제2부 13장

31 Day

DATE   /   /   /

+ 내 마음에 닿은 문장

+ 《신심 생활 입문》 깊이 읽기
· 오늘 하루 동안 어떤 지향으로 화살기도를 바칠 것인지 적어 봅시다.

+ 나의 묵상

+ 오늘의 다짐

미사 참여 때의 유의 사항 (1)

　미사성제는 그리스도교 신앙의 중심이고 신심과 경건한 행위의 핵심이며, 하느님 사랑의 깊이를 드러내는 가장 심오한 신비입니다. 미사를 통해 주님께서는 우리에게 당신 자신을 나누어 주시고 풍부한 은총을 쏟아 주십니다.
　이 지극히 거룩한 제사를 드리면서 기도를 하면 크나큰 힘을 얻을 것입니다. 필로테아 님, 미사를 통해 그대는 하느님의 은총을 넘치도록 받고 지극히 사랑하올 주님의 품속에 안기게 됩니다. 또한 주님의 영혼에서 나오는 감미로운 향기에 취하며, 마치 성경 말씀에 나오는 것처럼 "연기 기둥처럼 광야에서 올라오는 저 여인은 누구인가? 몰약과 유향, 이국의 온갖 향료로 향기를 풍기며 오는 저 여인은 누구인가?"(아가 3,6)와 같은 질문을 하게 될 것입니다.
　그러므로 그대는 매일 미사성제에 참례하여, 사제와 함께 그대와 온 성교회를 위해 구세주의 존귀하신 희생을 하느님 아버지께 봉헌해야 합니다. 요한 크리소스토모 성인의 말씀처럼 미사 때 제단을 에워싸는 무수한 천사들과 같은 목적을 가지고 미사에 참례한다면 좋은 영향을 많이 받을 수 있습니다. 미사성제 동안에는 천상 교회와 지상 교회의 성가대가 우리 주 그리스도와 마음을 합하여 "그리스도를 통하여, 그리스도와 함께, 그리스도 안에서" 하느님 아버지의 마음을 기쁘게 해 드리며, 우리를 위해 자비를 구합니다. 이처럼 존귀한 미사성제에 참례하고 경건하게 기도할 수 있으니 이 얼마나 다행한 일입니까?

― 제2부 제14장

32 Day

DATE   /   /   /

✣ 내 마음에 닿은 문장

✣ 《신심 생활 입문》 깊이 읽기
- 미사 때 진정으로 하느님과 하나 되고자 노력하였는지 묵상해 봅시다.

✣ 나의 묵상

✣ 오늘의 다짐

미사 참여 때의 유의 사항 (2)

미사성제에 효과적으로 참례하려면 다음과 같이 해야 합니다.

첫째, 미사 시작 전부터 사제가 제단에 올라갈 때까지는 하느님 앞에 나아가 그대의 죄를 고백하고 용서를 청함으로써 미사성제 준비에 최선을 다하십시오.

둘째, 사제가 복음을 봉독할 때까지는 간단하게나마 주님의 강생과 생애를 묵상하는 것이 좋습니다.

셋째, 성경 봉독 뒤부터 사도신경을 바칠 때까지는 주님의 가르침을 생각하고, 무슨 일이 있어도 성교회를 떠나지 않을뿐더러 신앙을 위해 목숨까지도 아끼지 않겠다는 결심을 새롭게 하십시오.

넷째, 사도신경부터 주님의 기도를 바칠 때까지는 구세주의 수난과 죽음을 생각하고 거룩한 제물을 사제와 다른 신자들과 함께 하느님의 영광과 그대 자신의 영혼 구원을 위해 하느님 아버지께 봉헌하십시오.

다섯째, 주님의 기도부터 영성체 때까지는 영원한 사랑으로 언제나 구세주와 일치하기를 열망하는 기도를 바치십시오.

여섯째, 영성체 뒤부터 미사가 끝날 때까지는 주님의 강생과 생애, 수난과 죽음 그리고 미사를 통해 우리에게 베푸시는 주님의 크나큰 자비에 감사드리고, 미사의 은총이 그대 자신과 친척, 친구와 은인 그리고 온 성교회에 미치도록 해 주시기를 간구하십시오. 그리고 사제의 손을 통해 내리시는 하느님의 강복을 겸손하고 경건한 마음으로 받으십시오.

– 제2부 제14장

DATE   /   /   /

33 Day

+ 내 마음에 닿은 문장

+ 《신심 생활 입문》 깊이 읽기
· 영성체 뒤부터 미사 끝까지 감사드리며 간구해야 하는 것은 무엇입니까?

+ 나의 묵상

+ 오늘의 다짐

기타 공적 신심

필로테아 님, 될 수 있는 대로 성무일도와 저녁 기도를 열심히 바치십시오. 특히 하느님께 봉헌하는 날인 대축일과 주일에는 그분의 존엄하심과 영광을 위해 다른 날보다 더 많은 기도와 신심 행위를 바치려 노력해야 합니다. 이를 통해 그대는 많은 위로를 받을 것입니다. 아우구스티노 성인도 그의 저서 《고백록》에서 자신이 회개한 뒤 처음 얼마 동안은 성무일도를 바칠 때마다 감동하여 행복에 겨운 눈물을 끊임없이 흘렸다고 했습니다. 하느님께서는 공적 신심을 기쁘게 받아들이십니다. 성교회에서 명하는 공적 신심은 개별적인 신심 행위보다 훨씬 더 효과가 있고 더욱 많은 위로를 받습니다.

거주 지역 성당의 신심 행사에 자발적으로 참여하고, 특히 사람들에게 유익하고 좋은 표양이 되는 신심 단체에 가입하는 것이 좋습니다. 그러면 하느님께서 더욱 기뻐하실 것입니다.

물론 혼자 수행을 하는 것이 더 유익할 수도 있습니다. 그러나 회원들이나 이웃 사람들과 협력하여 선행을 하는 것이 하느님께 더 큰 영광을 드리는 일이 됩니다. 그 외에 여러 가지 공적 기도와 신심도 마찬가지입니다. 이웃 사람들과 함께하는 모임을 통해 하느님께 영광을 드리고, 많은 사람들과 협동함으로써 사랑을 실천해야 하겠습니다.

— 제2부 제15장

DATE   /   /   /

34 Day

+ 내 마음에 닿은 문장

+ 《신심 생활 입문》 깊이 읽기
- 다른 이와 함께 선행을 할 수 있는 방법을 생각해 보고 이를 실천합시다.

+ 나의 묵상

+ 오늘의 다짐

성인 공경과 전구

필로테아 님, 우리는 천사와 성인들의 마음과 우리 마음을 합해야 합니다. 새끼 꾀꼬리가 어미 새한테 노래를 배우듯이, 우리도 지극히 복된 영혼과 친교를 맺어 그들에게서 하느님께 기도드리고 하느님을 찬미하는 법을 배워야 합니다.

우리는 지극히 거룩하고 복되신 동정 성모 마리아를 특별한 애정으로 공경해야 합니다. 성모님께서는 우리 주님의 어머니이시므로 우리의 어머니도 되십니다. 어린아이가 어머니 품으로 달려가 매달리듯이 우리도 그분께 매달립시다. 언제 어디서나 그분의 사랑을 갈망하고 그분께 의지하며 그분의 덕을 본받고 진심으로 그분을, 자식이 부모를 섬기듯 공경하십시오.

또한 천사들과 친해지도록 노력하십시오. 천사들이 눈에는 보이지 않지만 언제나 그대 곁에 있음을 잊지 마십시오. 특히 그대의 교구와 본당, 가정은 물론 그대 자신의 수호천사를 사랑하고 공경하십시오. 자주 그들과 교류하는 가운데 함께 하느님을 찬미하고, 그대의 영적인 일이나 현세적인 일을 모두 도와주시기를 청해야 합니다.

그대는 개인적으로 본받고 싶은 수호성인을 선택할 수도 있습니다. 그리고 그 성인의 삶을 특별히 연구하고 모방해도 됩니다. 또한 그분께 특별히 당신을 위한 기도를 청해도 됩니다. 세례 받을 때 정한 이름의 성인은 자연스럽게 그대를 보호해 주는 수호성인입니다.

― 제2부 제16장

35 Day

DATE   /   /   /

+ 내 마음에 닿은 문장

+ 《신심 생활 입문》 깊이 읽기
· 믿음의 모범이신 성모님의 어떤 모습을 본받고 싶은지 묵상해 봅시다.

+ 나의 묵상

+ 오늘의 다짐

하느님의 말씀 듣기와 읽기

　개인적으로 또는 공적인 자리에서 듣게 되는 하느님의 말씀을 경건하게 받아들이십시오. 강론을 들을 때에도 항상 공경하는 마음으로 주의 깊게 듣고 그것이 그대에게 유익한 것이 되도록 해야 합니다. '이 모든 것을 당신 마음에 간직하셨던'(루카 2,51 참조) 성모님처럼 하느님의 말씀이 헛되이 땅에 버려지지 않게 그대의 마음속에 이를 받아들여야 합니다. 우리가 강론 말씀을 경청하듯이, 주님께서는 우리의 기도에 귀를 기울이신다는 것을 잊지 마십시오.

　유익한 신심 서적을 늘 지니고 다니십시오. 그것들을 마치 그 성인들이 천국으로 가는 길을 가르쳐 주고 용기를 주고자 천국에서 그대에게 보내는 편지라고 여기십시오.

　또한 그리스도교 생활의 본보기라고 할 수 있는 성인전을 애독하십시오. 그대가 놓인 상황에 따라 성인들의 언행을 본받아야 합니다. 물론 우리가 세상을 살아가면서 성인들의 언행을 완전히 따를 수는 없겠지만 어느 정도는 그대로 따를 수 있습니다.

— 제2부 제17장

36 Day

+ 내 마음에 닿은 문장

+ 《신심 생활 입문》 깊이 읽기
- 늘 하느님 말씀을 가까이 하며, 이를 마음에 새기고 있는지 묵상해 봅시다.

+ 나의 묵상

+ 오늘의 다짐

성령의 감도

감도는 하느님께서 우리에게 주시는 원의와 의욕, 꾸짖음과 뉘우침, 광명과 지식을 가리킵니다. 자비하신 하느님 아버지께서는 우리를 강복하시고, 우리에게 선행을 하도록 권하시며, 우리가 하느님 나라를 그리워하게 하심으로써 선한 결심을 하게 만드십니다. 또한 우리를 영원한 행복으로 인도하시며 모든 행복에 대한 원의로 우리 마음을 불타게 하십니다.

감도를 기쁘게 받아들이는 것은 하느님의 영광을 드러내고 그분을 기쁘게 해 드리기 시작하는 첫걸음입니다. 물론 이 기쁨은 완전히 동의하는 것과 다르지만 그분을 따르겠다는 의향을 드러내는 것입니다. 외적 감도라고도 할 수 있는 하느님의 말씀을 기쁘게 듣는 것만으로도 이미 좋은 징조가 시작된 것입니다. 내적 감도를 받고 기뻐하는 것이 하느님의 뜻에 더욱 맞는 것입니다. 하느님께서 주신 감도를 하늘의 임금님께서 그대에게 청혼하려고 보내신 전갈로 알고 기쁘게 받아들이십시오.

평화로운 마음으로 그 말씀에 귀 기울이고 그대에게 감도를 베푸시는 하느님의 사랑에 감사드리며, 거룩한 감도를 받게 된 것을 기뻐하십시오. 사랑의 마음을 담아 이 감도에 확실하게 동의하십시오. 그러면 하느님께서는 당신에 대한 그대의 애정을 기쁘게 여기실 것입니다.

— 제2부 제18장

37 Day

DATE   /   /   /

+ 내 마음에 닿은 문장

+ 《신심 생활 입문》 깊이 읽기
- 감도를 기쁘게 받아들이는 것은 무엇을 위한 첫걸음입니까?

+ 나의 묵상

+ 오늘의 다짐

고해성사 (1)

　필로테아 님, 직접 치료할 수 있는 안전하고 확실한 방법이 있는데도 죄로 말미암아 무거워진 마음을 오랫동안 그대로 두어서는 안 됩니다. 죄를 지은 사람은 자신의 죄를 뉘우치고 모든 것을 보고 계시는 하느님을 두려워하는 마음으로 한시라도 빨리 그 더러움을 씻어 내야 합니다. 구원받을 수 있는 확실한 길이 있음에도 영적 죽음을 초래하는 것은 얼마나 어리석은 짓입니까!
　주님께서는 고해성사를 통해 그대의 고백을 들으시고 그대의 죄를 용서해 주실 것이며, 죄를 범하지 않을 힘을 주실 것입니다. 또한 그대의 잘못을 깨달을 지혜를 주시고 그대가 죄로 말미암아 잃은 것들을 만회할 수 있도록 풍성한 은총을 그대에게 베풀어 주실 것입니다. 겸손과 순명, 순박함과 애덕을 수행하고 있지만, 죄를 고백하는 것만으로도 그 무엇보다 훌륭한 덕을 수행하는 것이 됩니다.
　아무리 작은 죄라도 진심으로 뉘우치며 고백하고 다시는 그러지 않겠다고 확고하게 결심해야 합니다. 개선하려는 결심도 없이 습관적으로 또는 형식적으로 소죄를 고백함으로써 크나큰 영적 이익을 잃는 사람이 많습니다. 그러므로 악의 없는 거짓말이나 부주의한 말들, 과도한 재미에 빠져 있음을 고백할 때에도 이를 뉘우치고 개선하겠다는 확고한 결심이 있어야 합니다. 또한 대죄든 소죄든 모두 버리겠다는 굳은 의지 없이 죄를 고백하는 것은 고해성사를 남용하는 것입니다.

― 제2부 제19장

DATE   /   /

38 Day

+ 내 마음에 닿은 문장

+ 《신심 생활 입문》 깊이 읽기
- 주님께서 주신 용서의 은총을 느끼고 감사를 드렸는지 묵상해 봅시다.

+ 나의 묵상

+ 오늘의 다짐

고해성사 (2)

　의미 없이 형식적으로 고백하지 않도록 해야 합니다. 구체적인 사실을 성찰하여 단순하고 솔직하게 고백해야 합니다. 또한 하느님께 정성스러운 마음으로 기도드리지 않았음을 고백할 때에는 기도하기에 적절한 시간과 장소, 기도 자세를 소홀히 하지는 않았는지를 밝히고 구체적인 상황까지 설명하는 것이 좋습니다. 일반적인 사항만 고백하는 것은 뜨겁지도 차갑지도 않은 형식적인 고백에 불과합니다.
　소죄를 고백할 때에도 사실만 고백하지 말고 죄를 짓게 된 이유까지 고백하는 것이 좋습니다. 예를 들면, 거짓말을 했으나 아무에게도 해를 끼치지 않았다고 고백하는 것으로는 충분하지 않습니다. 거짓말을 한 이유가 허영심 때문이었는지, 칭찬을 받거나 비난을 받지 않으려는 것이었는지, 혹은 고집 때문에 또는 별 생각 없이 농담 삼아 한 것인지를 밝혀야 합니다. 죄를 범한 횟수나 기간도 고백하는 것이 좋습니다. 일반적으로 가벼운 죄도 오랫동안 반복해서 저지르면 심각해지기 때문입니다.
　고백할 때 구체적인 사실과 함께 그 동기와 기간을 확실하게 밝혀야 합니다. 또한 그대가 모르는 사이에 양심 속에 들어와 숨어 있는 많은 죄악이 있음을 유념하고 고해성사 때 이를 고백함으로써 영혼을 정화해야 합니다.

― 제2부 제19장

39 Day

DATE   /   /   /

+ 내 마음에 닿은 문장

+ 《신심 생활 입문》 깊이 읽기
- 나의 죄를 구체적이고 솔직하게 고백하고 있는지 묵상해 봅시다.

+ 나의 묵상

+ 오늘의 다짐

영성체

구세주께서 당신의 살과 피로 지극히 거룩한 성체성사를 설정하신 목적은 당신의 성체를 영하는 사람들을 영원히 살게 하시려는 데 있습니다. 그러므로 경건하게 그분의 성체를 자주 영하는 사람은 매우 건강해져 죄의 유혹을 받아도 해를 입지 않게 됩니다. 우리 영혼이 살아 있는 성체를 영하면 죽음의 세력의 영향을 받지 않습니다. 하느님께서 생명의 나무를 주셔서 우리의 조상이 낙원에서 죽지 않았던 것처럼 이 생명의 성사는 우리를 죽지 않게 할 것입니다. 앵두, 살구, 딸기 같은 과일을 설탕이나 꿀에 재어 두면 썩지 않듯이, 나약한 우리 영혼이 영원히 죽지 않는 우리 주님의 몸과 피의 달콤함에 젖으면 죄로 말미암아 썩지 않을 것입니다.

그대가 신중하다면, 다시 말해서 그대가 영성체하는 날에는 그대의 부모나 배우자에게 평소보다 더 친절하고 상냥하게 대하고 그들이 기뻐할 일을 한다면 그들은 그대가 자주 성체를 영하는 것을 방해하지 않을 것입니다. 그로 말미암아 그들이 아무런 불편을 겪지 않는다면, 그들이 유난스러운 고집쟁이나 몰지각한 사람이 아닌 이상 그대의 영성체를 방해하지 않을 것입니다.

— 제2부 제20장

DATE   /   /   /

40 Day

✢ 내 마음에 닿은 문장

✢ 《신심 생활 입문》 깊이 읽기
· 구세주께서 성체성사를 설정하신 목적은 무엇입니까?

✢ 나의 묵상

✢ 오늘의 다짐

영성체를 위한 준비

성체를 모시기 전날 밤부터 하느님을 사랑하는 마음을 가짐으로써 영성체 준비를 시작해야 합니다.

아침에 일찍 일어날 수 있도록 평소보다 이른 시간에 잠자리에 드십시오. 한밤중에 잠이 깰 때에는 거룩한 말을 가슴과 입술에 담으십시오. 그러면 그대의 영혼은 그대가 자는 동안에도 지켜 주시고, 그대가 받을 준비만 되어 있다면 얼마든지 수많은 은총을 주시려는 천상의 배필이신 주님을 맞이할 준비를 갖추게 될 것입니다.

아침이 되면 그대가 바라는 축복을 주시리라 기대하며 기쁜 마음으로 일어나십시오. 일어난 뒤에는 죄를 고백하고 완전한 신뢰와 겸손한 마음으로 그대를 영원한 생명으로 인도해 주는 하늘의 이 음식을 받으러 나아가십시오. 그리고 "주님, 제 안에 주님을 모시기에 합당치 않사오나, 한 말씀만 하소서. 제가 곧 나으리이다." 하는 기도를 바친 뒤에는 가만히 입을 열어 믿고 소망하며 사랑하는 마음으로 그분을 영하십시오.

성체를 영한 뒤에는 진정한 마음으로 구원의 임금님을 찬미하고, 그분께서 그대 안에 계시며 그대에게 최상의 행복을 찾아 주신다는 것을 깨닫고 그대의 모든 개인적인 일들을 아뢰십시오. 환영하는 마음으로 주님을 모시고 그분이 당신과 함께 계심이 드러날 수 있도록 행동하십시오. 성체를 영하는 목적은 무엇보다도 먼저 하느님의 사랑 안에서 그대를 강하게 하고자 하는 것입니다.

- 제2부 제21장

41 Day

DATE   /   /   /

✚ 내 마음에 닿은 문장

✚ 《신심 생활 입문》 깊이 읽기
- 성체를 모시기 전에 어떤 마음가짐으로 준비하고 있는지 묵상해 봅시다.

✚ 나의 묵상

✚ 오늘의 다짐

제3부

일상에서 실천하는 영적 성장의 길

덕행의 선택 1

덕 중에는 특별한 경우를 위한 덕 외에도 앞에서 언급한 모든 부분에 영향을 미치는 보편적인 덕이 있습니다. 예를 들면, 용맹, 관대, 경외의 덕은 실천할 기회가 비교적 드물지만 온순, 절제, 정직, 겸손과 같은 덕은 우리의 모든 행위에 많은 영향을 끼치는 덕입니다. 비록 이 덕들보다 더 고귀한 덕들이 있지만, 이것들이야말로 우리 일상에서 매일매일 실천해야 하는 덕입니다. 설탕이 소금보다 더 달콤하게 느껴지지만 소금이 더 자주 쓰이는 것과 같은 이치입니다. 그러므로 우리는 우리의 삶에 필요한 이 덕들을 갖추고자 끊임없이 노력해야 합니다.

사람들은 각자 자기 처지에 맞는 독특한 자질을 길러야 합니다. 주교로서의 자질, 군인으로서의 자질, 주부로서의 자질, 과부가 된 사람이 지녀야 할 자질은 각각 다릅니다. 물론 사람은 누구나 덕을 길러야 하지만, 그 덕이 모두에게 동일할 수는 없습니다. 모름지기 자신에게 합당한 자질과 덕을 길러야 합니다.

필로테아 님, 쉽게 사람들의 눈에 띄고 존경을 받는 덕이 아닌 최선의 덕을, 가장 훌륭하고 고귀한 덕을 택하십시오. 특히 일정한 덕을 택하여 꾸준히 수행하는 것이 그대의 신심에 유익합니다. 이는 다른 덕을 무시해서가 아니라 목표를 갖고 일관되게 수행하려는 것입니다.

교만이나 분노 같은 유혹에 빠질 위험이 있을 때에는 겸손과 온유의 덕을 키워야 하며, 동시에 기도와 성사들과 같은 종교적 수행을 하고 신중, 사려, 절제, 온유와 같은 덕을 쌓아야 합니다.

− 제3부 제1장

42 Day

DATE   /   /   /

✚ 내 마음에 닿은 문장

✚ 《신심 생활 입문》 깊이 읽기
- 본문에 언급된 덕 중에 내가 길러야 할 부분은 무엇인지 묵상해 봅시다.

✚ 나의 묵상

✚ 오늘의 다짐

덕행의 선택 2

 이제 막 죄에서 벗어난 사람들에게서 볼 수 있는 죄에 대한 과도한 두려움과 양심의 가책은 초심자들에게는 장려할 만한 심성이며 앞으로 깨끗한 양심을 지니게 될 징조입니다. 그러나 신심이 진보한 사람들에게는 이런 것들이 오히려 장애가 됩니다. 그러므로 이러한 경향이 있는 사람들은 마음속에 사랑이 자라게 하여 그 사랑으로 점차 죄에 대한 과도한 두려움을 없애고자 노력해야 합니다.
 필로테아 님, 비록 결점이 다소 있다 해도 덕을 기르고자 노력하는 사람을 좋게 생각해야 합니다. 성인들도 역시 그랬기 때문입니다. 우리에게 결점이 있다 해도 충실하고 신중하게 덕을 기르는 데 힘쓰고 성경의 가르침을 따르며, 우리 자신의 지혜를 과신하지 말고 하느님께서 보내 주신 지도자의 가르침에 따라야 합니다.
 특별한 은총을 받았다고 믿는 사람은 잘못된 생각과 실수를 하기 쉽습니다. 그저 다른 사람이 받은 큰 은총에 대해 하느님을 찬미하는 동시에, 겸손하고 낮은 자세로 무력한 우리 자신에게 합당한 길을 걸어가도록 하십시오. 우리가 이 길을 충실하고 겸손하게 걸어가다 보면 언젠가는 하느님께서 우리를 더 높은 곳으로 들어 올려 주실 것입니다.

― 제3부 제2장

DATE   /   /   /

48 Day

✝ 내 마음에 닿은 문장

✝ 《신심 생활 입문》 깊이 읽기
- 다른 이의 실수나 결점을 지적하고 비난했던 적은 없는지 묵상해 봅시다.

✝ 나의 묵상

✝ 오늘의 다짐

인내 (1)

그대는 특정한 고통이나 불의만이 아니라 하느님께서 내려 주시는 모든 것을 인내해야 합니다. 진정으로 인내심이 강한 하느님의 종은 명예와 관계없이 모든 고통을 감수합니다. 그런 사람은 악인에게 조롱과 비난과 괴롭힘을 당해도 전혀 흔들리지 않습니다. 훌륭한 사람이나 친구, 친척에게 무시당하는 것을 참는 것이야말로 진정한 인내입니다.

그대는 큰 고통뿐만 아니라 이에 따르는 부수적인 어려움까지도 인내해야 합니다. 그에 따르는 불편함은 참지 못하면서 고통을 받아들일 준비가 되어 있다고 믿는 사람들을 흔히 볼 수 있습니다. 예를 들면, "친구에게 손 벌리지 않고 자식들을 키울 수 있다면 가난해도 좋다."라고 말하는 사람도 있고, "사람들이 내 탓으로 가난하게 되었다고 생각하지만 않는다면 가난해도 괜찮다."라고 말하는 사람도 있습니다. 그리고 어떤 사람에게 비방을 받아도 다른 사람들이 그 사람의 말을 믿지 않는다면 얼마든지 참아 낼 수 있다고 말하는 사람도 있습니다. 또는 불행의 전체가 아닌 그 일부만을 감수하겠다는 사람도 있습니다. 예를 들면, 아픈 것은 참을 수 있으나 치료받을 돈이 없거나 남에게 폐를 끼치는 것은 싫다고 말하는 사람도 있습니다.

필로테아 님, 병 자체를 참는 것뿐만 아니라 하느님의 뜻에 따르겠다는 마음에서 병으로 말미암은 고통과 불편도 함께 참고 견디는 것이 참된 인내이며, 이는 다른 모든 경우에도 마찬가지입니다.

— 제3부 제3장

44 Day

DATE   /   /   /

✚ 내 마음에 닿은 문장

✚ 《신심 생활 입문》 깊이 읽기
- 주님께 내가 겪고 있는 고통을 잘 인내할 수 있는 용기를 청해 봅시다.

✚ 나의 묵상

✚ 오늘의 다짐

인내 (2)

　지금 불행하다면 하느님께서 허락하시는 모든 방법으로 이를 극복하고자 노력하십시오. 이러한 노력을 하지 않으면 하느님을 시험하는 것이 됩니다. 그러나 최선을 다한 뒤에는 온전히 인내하는 마음으로 하느님의 처분을 기다리십시오. 만일 그렇게 해서 불행이 물러갔다면 겸손한 마음으로 하느님께 감사드리고, 그대에게 닥친 불행이 주님의 거룩한 뜻에서 생긴 것이라면 이를 인내하고 하느님을 찬미하십시오.
　상처를 치유받거나 정신적으로 위로받고자 누군가에게 자기 고통을 호소하고 싶거든, 성품이 온화하고 하느님을 사랑하는 사람에게 하는 것이 좋습니다. 그렇지 않으면 위로를 받기는커녕 오히려 갈등만 더 커지게 될 뿐입니다. 박힌 가시를 뽑아내는 것이 아니라 더 깊이 박히게 하는 결과만 낳게 됩니다.
　진정으로 인내심 있는 사람은 고통을 말하지 않고 남에게 동정을 구하지도 않으며, 자신의 문제를 단순히 있는 그대로 말하고 자신의 괴로움이나 슬픔을 과장하지 않습니다. 만일 다른 사람이 사실과 다른 것에 대해 걱정해 줄 때에는 그렇지 않다고 사실을 밝힙니다.
　예수님께서 그대 영혼에서 태어나실 때까지 그대는 산고를 겪어야 합니다. 그러나 이 고통이 지나면 아기를 낳은 기쁨이 영원할 것이니 용기를 내십시오. 그분은 진정으로 그대를 위해 태어나실 것입니다. 그분이 사랑으로 당신 마음에 오시면 당신의 행동은 그분을 닮게 됩니다.

- 제3부 제3장

DATE   /   /   /

45 Day

+ 내 마음에 닿은 문장

+ 《신심 생활 입문》 깊이 읽기
  · 불행이 물러간 뒤에 우리가 해야 할 일은 무엇입니까?

+ 나의 묵상

+ 오늘의 다짐

외적 겸손 (1)

　우리 마음에 하느님의 은총을 담으려면 빈 그릇처럼 우리 마음을 비워야 합니다. 우리 마음을 교만으로 채워서는 안 됩니다. 독수리는 날카로운 소리와 예리한 눈초리로 겁을 주어 다른 새들을 쫓아냅니다. 그래서 비둘기들은 다른 새들보다 독수리 곁에서 사는 것을 좋아한다고 합니다. 이처럼 겸손은 사탄을 쫓고 우리에게 성령의 은총을 고이 간직하게 합니다. 바로 이 때문에 모든 성인들과 특히 성인들의 임금이신 주님과 모후이신 성모님께서는 겸손을 다른 덕보다도 귀하게 여기셨습니다. 자신에게 없는 것을 있는 것처럼 구는 것은 허영입니다.
　자신에게 없는 것을 있는 것처럼 구는 것은 허영입니다. 허영 때문에 별 가치가 없는 것을 마치 대단한 것처럼 떠벌리게 됩니다. 가문의 명예 같은 것은 내가 아니라 조상으로부터 비롯된 것이며 타인들의 평가에 따라 이루어진 것입니다. 값비싼 옷과 아름다운 새털을 꽂은 모자로 치장하는 것을 자랑으로 여기면서 다른 이들을 업신여기는 사람들이 있습니다.
　이 얼마나 어리석은 짓입니까? 또한 양쪽 끝을 뾰족하게 올려붙인 콧수염, 빗질한 턱수염, 화사하게 파마한 머리, 부드러운 손을 자랑하고, 자신의 춤 솜씨와 음악 실력, 좋은 목소리를 자랑스럽게 뽐내는 사람들이 있습니다. 그러나 이렇게 하찮은 것에 가치를 두고, 이를 통해 존경받으려고 애쓰는 일은 부질없는 짓이 아니겠습니까?

－ 제3부 제4장

46 Day

DATE   /   /   /

+ 내 마음에 닿은 문장

+ 《신심 생활 입문》깊이 읽기
  · 주님과 성모님께서 겸손을 귀하게 여기신 이유는 무엇입니까?

+ 나의 묵상

+ 오늘의 다짐

외적 겸손 (2)

명예나 지위는 사람들의 발에 밟히면 밟힐수록 곱게 피어나는 사프란 꽃과 같은 것입니다. 아름다움이란 그것에 집착하지 않을 때 더욱 매력이 있는 것입니다. 스스로를 아름답다고 하면 매력을 잃게 되며, 학식을 자랑하면 신뢰를 잃고 현학자로 전락하고 맙니다. 그리고 자신의 지위나 신분, 칭호를 지나치게 내세우면 사람들로부터 반감과 비난을 살 뿐입니다. 전혀 의식하지 못하는 가운데 얻은 명예가 진정으로 가치 있는 것입니다. 명예를 억지로 얻으려고 하는 것은 부질없는 짓입니다.

덕을 쌓으려고 노력하는 것은 선을 향한 첫걸음이지만, 명예를 얻으려고 노력하는 것은 멸시와 수치를 향하는 첫걸음입니다. 인격이 훌륭한 사람은 지위나 명예, 격식 같은 사소한 일에는 마음을 쓰지 않습니다. 할 일이 많은데 이런 일 때문에 마음을 쓰는 것은 정신을 더럽히는 것이기 때문입니다. 진주 목걸이를 가진 사람은 조개껍데기로 만든 가짜 구슬은 목에 걸지 않습니다. 이와 마찬가지로 덕을 닦는 사람은 가짜 구슬과 같은 명예에 신경 쓰지 않습니다.

덕을 수행하는 사람도 자기의 지위나 명예에 집착하지 않는다면 자연스럽게 지위와 명예를 얻을 수 있습니다. 걱정이나 분쟁, 반감 등과 연루되지 않으면 명예와 지위를 유지할 수 있습니다.

― 제3부 제4장

47 Day

DATE   /   /   /

✠ 내 마음에 닿은 문장

✠ 《신심 생활 입문》 깊이 읽기
- 나 자신을 드러내고 인정받고 싶은 마음은 어디서 오는지 묵상해 봅시다.

✠ 나의 묵상

✠ 오늘의 다짐

내적 겸손 (1)

필로테아 님, 이제 좀 더 심오한 뜻의 겸손에 대해 말해 보겠습니다. 내가 지금까지 말한 것을 실행하는 것은 겸손에 대해서라기보다는 세상을 살아가는 지혜에 대한 것이라고 하는 것이 더 맞을 것입니다.

자비로우신 하느님 앞에서 풍성한 은총을 생각하는 것보다 더 겸손한 것은 없으며, 공의로우신 하느님 앞에서 우리가 지은 수많은 죄를 깨닫는 것보다 더 겸손한 것 또한 없습니다. 하느님께서 우리를 위해 하신 일과 우리가 하느님께 해 드린 일이 무엇인지 성찰해 보십시오. 우리 죄를 곰곰이 성찰하듯이 하느님의 은총도 낱낱이 헤아려 봅시다. 우리가 잘났기 때문에 좋은 성품을 지닌 것이 아니라는 사실을 잊지만 않는다면, 하느님의 은총을 안다고 해서 우리가 교만해질 염려는 없습니다.

그대가 받은 은혜를 깨달으면 감사한 마음이 들게 되어 겸손해집니다. 만일 하느님께서 그대에게 베푸신 은총을 생각하는데도 교만한 마음이 조금이라도 든다면, 그대가 하느님의 은총을 저버린 결점투성이의 나약한 인간임을 성찰하는 것이 가장 좋은 치료제가 될 것입니다. 우리가 행하는 모든 일을 하느님께서 알고 계심을 생각하면, 우리가 이룬 모든 일들이 우리 자신의 능력이 아니라 전능하신 하느님의 섭리에 의한 것임을 깨닫게 될 것입니다. 그러므로 우리가 성취한 일들로 말미암아 기쁨을 억누를 수 없을지라도 그 영광은 모든 행위의 근원이신 하느님께로 돌려야 합니다.

- 제3부 제5장

48 Day

DATE   /   /

✚ 내 마음에 닿은 문장

✚ 《신심 생활 입문》 깊이 읽기
· 그동안 내가 하느님께 받았던 은총은 무엇인지 묵상해 봅시다.

✚ 나의 묵상

✚ 오늘의 다짐

내적 겸손 (2)

　우리는 우리 자신이 죄인이며 세상의 쓰레기 같은 존재라는 말을 가끔 하지만, 이 말을 들은 사람이 그 말을 퍼뜨리면 대단히 화를 내곤 합니다. 우리가 사람들을 피해 숨는 행위 이면에는 다른 사람들에게 주목받고 그들이 찾아와 주기를 바라는 마음이 있기도 합니다. 자진해서 식탁 말석에 앉아 겸허한 체하지만 그 마음 한구석에는 누군가에게 자기를 상석으로 모시게 하려는 의도가 숨어 있기도 합니다. 참으로 겸손한 사람은 자신을 비하하지도 않고, 또 자신이 겸손하다고 과시하지도 않습니다. 그는 자신의 겸손함을 숨기려 할 뿐만 아니라 다른 덕들도 드러내지 않으려고 노력합니다. 겸손한 사람은 누군가가 자기에게 거짓말을 하거나 속여도 모른 체하며, 누군가가 자신에 대해 험담을 해도 자신을 그 아래 두고 숨어 지낼 것입니다.
　필로테아 님, 나의 의견은 다음과 같습니다. 우리는 겸손을 말로 드러내지 말아야 하며, 어쩔 수 없이 말로 표현해야 할 경우에는 말하는 것에 부합하는 마음을 가져야 합니다. 시선을 내리기에 앞서 마음을 낮추고, 기쁜 마음으로 말석에 가고 싶지 않으면 상석을 사양하는 척하지 마십시오.
　진정으로 겸손한 사람은 다른 사람에게서 "당신은 쓸모없는 사람이야!"라는 말을 들어도 결코 마음에 담아 두지 않습니다. 그런 말을 들어도 부인 하지 않는 이유는 자신도 스스로를 그렇게 생각하기 때문입니다.

― 제3부 제5장

DATE   /   /

49 Day

✝ 내 마음에 닿은 문장

✝ 《신심 생활 입문》 깊이 읽기
- 나의 부족한 점도 포용하며 겸손하게 받아들이고 있는지 묵상해 봅시다.

✝ 나의 묵상

✝ 오늘의 다짐

내적 겸손 (3)

자신을 믿는 교만한 사람은 아무것도 책임지려 하지 않지만 겸손한 사람은 자신의 무력함을 알고 오히려 용감해집니다. 그가 용감해지는 이유는, 하느님께서 우리의 나약함을 통해 당신의 전능을 드러내시기를 좋아하시고 또한 우리의 고통을 보시고 그분의 자비를 드러내시는 것을 좋아하신다는 것을 알고 더욱더 그분께 의지하기 때문입니다. 그러므로 우리는 우리를 인도하시고 우리에게 유익한 지시를 내리시는 하느님의 명령을 겸손하고 경건한 마음으로 받아들이고 따라야 합니다.

사랑을 실천하려면 그들을 지도하는 데 필요한 것뿐만 아니라 그들을 위로해 주는 데 유익한 것들을 흔쾌히 가르쳐 주어야 합니다. 모든 덕을 지키고자 이미 받은 은총을 숨기는 것이 겸손이지만, 사랑을 실천할 때에는 덕을 기르고 완성하고자 그 은총을 드러내야 합니다.

겸손도 우리가 지닌 다른 모든 덕과 능력을 숨기고 있다가 사랑을 실천하는 데 필요할 때에는 그것을 드러냅니다. 애덕은 인간 세계의 덕이 아니고 천상의 덕이며, 윤리덕倫理德이 아니라 향주덕向主德입니다. 다시 말해서 애덕은 모든 덕을 비추는 태양과 같은 것입니다. 그러므로 만일 겸손이 애덕을 손상시키는 일이 있으면 그것은 분명 거짓된 겸손입니다.

나는 현명한 체하지 않으며 어리석은 척하지도 않습니다. 왜냐하면 현명한 체하는 것이 겸손을 거스르는 행위라면, 어리석은 사람처럼 행세하는 것은 순수와 진실을 거스르는 행위입니다.

– 제3부 제5장

50 Day

DATE   /   /   /

✚ 내 마음에 닿은 문장

✚ 《신심 생활 입문》 깊이 읽기
- 하느님께서는 무엇을 통해 당신 전능과 자비를 드러내는 걸 좋아하십니까?

✚ 나의 묵상

✚ 오늘의 다짐

겸손과 비천함

내가 그대에게 겸손을 권하는 이유는 우리가 겸손해야 무기력해지거나 나태해지지 않기 때문입니다. 또한 하느님께 영광을 돌리고 다른 사람을 존경하는 마음을 갖게 되기 때문입니다.

덕 중에는 사람들이 비천하게 보는 덕과 영광스럽게 생각하는 덕이 있습니다. 세상 사람들은 인내, 순진, 순박, 겸손 같은 덕은 시시하게 여기고, 이와는 달리 신중, 용기, 관대함 등은 높이 평가합니다. 때로는 같은 덕에서 나온 행위인데도, 한편은 보잘것없는 것으로 여기고 다른 한편은 귀한 것으로 여깁니다. 이를테면, 자선을 행하는 것이나 타인으로부터 받은 모욕을 용서하는 것은 모두 애덕에서 나온 것인데도, 사람들은 전자를 높이 평가하고 후자를 경시합니다. 많은 젊은이들이 사치스러운 옷을 입고 모임에서 잡담을 주고받으며 함께 어울리지 않는 이들을 비웃고 가식적이며 고상한 척한다고 헐뜯습니다. 이러한 비난을 기꺼워하는 사람은 비천함을 사랑하는 사람입니다.

필로테아 님, 그대가 비천함 중에서 어떤 것이 가장 훌륭한 것이냐고 묻는다면 나는 분명하게 이렇게 말하겠습니다. 우리 영혼에 가장 유익하고 하느님께서 가장 만족하시는 비천함은 우연히 또는 자연적으로 생기는 것이라고 말입니다. 왜냐하면 이것은 우리가 선택하는 것이 아니라 하느님께서 주시는 것을 받는 것이기 때문입니다. 하느님께서 선택하신 것은 언제나 우리 자신이 선택한 것보다 훨씬 더 좋습니다.

― 제3부 제6장

DATE   /   /   /

51 Day

✚ 내 마음에 닿은 문장

✚ 《신심 생활 입문》 깊이 읽기
· 살레시오 성인이 겸손을 권하는 까닭은 무엇입니까?

✚ 나의 묵상

✚ 오늘의 다짐

겸손 실천과 명성 보존

필로테아 님, 오직 하느님을 기쁘게 해 드리고자 명성을 지키십시오. 하느님만이 우리 모든 행위의 궁극적인 목적이시기 때문입니다.

명성은 결국 덕을 지닌 사람이라는 것을 나타내는 표지에 지나지 않습니다. 그러므로 그대는 언제 어디서나 덕을 중요시해야 합니다. 예를 들면, 사람들이 그대가 신심을 수행하는 것을 보고 그대를 위선자라고 폄하하고, 그대가 원수를 용서하는 것을 보고 비겁한 사람이라고 매도할지라도 이를 무시해 버리십시오. 그것들은 어리석은 자들의 비방에 불과합니다. 그런 비방 때문에 당장 명성에 흠이 가는 일이 있더라도 옳은 일을 포기해서는 안 됩니다.

언제나 순수하고 신뢰하는 마음으로 십자가 위에 계시는 예수 그리스도를 바라보십시오. 신중하고 지혜롭게 주님을 섬기십시오. 주님께서 그대의 명성을 보호해 주실 것입니다. 간혹 명성이 실추되는 일이 있다면, 이는 주님께서 우리에게 겸손을 주시려고 시련을 겪게 하시는 것입니다. 거룩한 겸손은 세상의 어떠한 명성보다 더 귀중합니다.

이유 없이 타인으로부터 비방을 받으면 먼저 그 모함에 대해 조용히 해명하십시오. 그래도 그들이 완고하게 우긴다면 끝까지 겸손하게 해명하십시오. 그러나 그대의 명성과 영혼을 지켜 줄 가장 확실한 피난처는 하느님밖에 없습니다. 그러나 어떤 죄악에 관계된 모함을 받았을 경우에는 침묵을 지켜서는 안 됩니다. 이 모함에서 정당하게 벗어날 수 있다면 이를 강하게 부인해야 합니다.

- 제3부 제7장

52 Day

✚ 내 마음에 닿은 문장

✚ 《신심 생활 입문》 깊이 읽기
- 항상 올바른 것을 추구하는 것을 포기하지 않을 용기를 주님께 청합시다.

✚ 나의 묵상

✚ 오늘의 다짐

온유와 분노 (1)

필로테아 님, 온유와 겸손으로 이루어진 신비로운 향유를 그대 마음 한가운데에 보존하고자 노력하십시오. 다른 사람이 그들에게 대들거나 비판할 때 그들이 교만하게 이를 반박하고 화를 내는 것을 보면, 그들의 온유와 겸손이 과장되고 거짓된 것임을 쉽게 알 수 있습니다. 이와 같이 참된 겸손과 온유의 덕을 지닌 사람은 다른 사람으로부터 무시를 당해도 아파하거나 괴로워하지 않습니다. 우리의 허물을 따끔하게 지적하는 사람이나 우리를 적대시하는 사람들로부터 비난을 받을 때 교만하게 반박하고 화를 낸다면, 우리의 겸손과 온유가 참된 것이 아니고 가식적인 것임을 드러내는 것입니다.

요셉 성조는 형제들을 이집트에서 아버지 집으로 돌려보낼 때 "길에서 너무 흥분하지들 마십시오."(창세 45,24) 하며 그들을 타일렀습니다.

필로테아 님, 나도 그대에게 이와 똑같은 말을 하겠습니다. 이 '눈물의 골짜기'는 영원한 행복의 집을 향해 가는 여정에 불과합니다. 길에서 서로 싸우지 말고 우리 형제이며 친구인 이웃들과 다정하고 평화롭게 걸어가야 하지 않겠습니까?

나는 그대에게, 될 수 있는 대로 어떠한 일에도 분노를 터뜨리지 말 것을 당부합니다. 그대 마음에 분노를 일게 하는 어떠한 구실도 만들지 마십시오. 야고보 사도는 예외를 두지 않고 "사람의 분노는 하느님의 의로움을 실현하지 못합니다."(야고 1,20)라고 분명히 말했습니다.

— 제3부 제8장

53 Day

✢ 내 마음에 닿은 문장

✢ 《신심 생활 입문》 깊이 읽기
- 나의 분노 때문에 다른 이에게 상처를 입힌 적은 없는지 묵상해 봅시다.

✢ 나의 묵상

✢ 오늘의 다짐

온유와 분노 (2)

우리의 그릇된 성향과 나약함으로 말미암아 분노의 충동을 느끼면 주저하지 말고 신속하게 이를 몰아내십시오. 분노를 느끼는 순간 과격하거나 거칠게 대응하지 말고, 평정을 유지하면서 신중하게 처신하십시오. 마치 회의 중에 "시끄러워요. 조용히 하세요!"라고 고함치는 사람들의 목소리가 장내를 더 소란하게 만드는 것처럼, 화를 내면 전보다 더 마음이 혼란스러워집니다. 마음이 불안한 상태에서는 결코 자신을 통제할 수 없습니다.

분노 때문에 그대의 마음이 흔들릴 때에는 호수 한복판에서 폭풍을 만났던 사도들처럼 주님께 도움을 청해야 합니다. 주님께서 잠잠하라고 명하시면 분노가 사라지고 마음에 평화가 찾아올 것입니다. 그러나 거듭 말하지만 분노를 극복하려고 바치는 기도는 격렬하게 하지 말고 온화하고 차분하게 하십시오. 이것이 분노에 대처하는 가장 좋은 방법입니다.

또한 그대의 마음이 분노할 일 없이 평온할 때에도 온유와 친절의 덕을 쌓고자 항상 따뜻하고 부드럽게 말하고 행동하십시오. 우리가 말로만 다른 사람에게 온유한 것으로는 부족하며, 온 마음과 영혼까지 모두 온유해야 합니다. 집 밖에서는 사람들에게 천사처럼 대하면서 집안 식구들에게는 모질게 대하는 사람들의 마음에는 온유함이 없습니다. 잘 알지 못하는 사람들에게 뿐만 아니라 가족과 친구들에게도 항상 온유하고 친절하게 대해야 합니다.

- 제3부 제8장

54 Day

+ 내 마음에 닿은 문장

+ 《신심 생활 입문》 깊이 읽기
· 우리 마음이 분노로 흔들릴 때에는 어떻게 해야 합니까?

+ 나의 묵상

+ 오늘의 다짐

자신에 대한 관용

온유를 기르는 방법 중 하나는 스스로를 소중히 여기고 자신과 자기 결점에 대해 너그러워지는 것입니다. 물론 잘못을 하면 불쾌하고 괴로운 것은 당연하지만, 그렇다고 지나치게 기분 나빠하거나 화를 내서는 안 됩니다. 많은 이들이 화를 낸 뒤 화를 냈다는 사실 때문에 화를 내며, 속상해한 뒤 그 때문에 또 슬퍼하고, 언짢은 말을 한 뒤에 공연히 그런 말을 했다고 자책하는데, 이는 큰 잘못입니다.

어떤 죄를 범했을 때에도 자신을 너무 심하게 자책하거나 분노하기보다 조용히 마음을 가라앉히고 그 잘못을 보속하겠다는 결심을 세워야 합니다. 이때 생기는 통회의 심정은 과격한 후회나 자책보다 마음속에 더 깊게 스며들 것입니다. 부드럽게 타이르는 방법만으로는 부족하다는 생각이 들 때에는 자신을 엄하게 질책하고 훈계하는 방법을 쓰십시오.

만일 불행하게도 죄를 범해 넘어진다면 고요히 그대 마음을 달래어 다시 일으키십시오. 그리고 그대의 무력함을 깊이 깨닫고 하느님 앞에 겸손되이 자신을 낮추십시오. 그러나 좌절한 일에 대해 당황하지 마십시오. 병이 들면 몸이 쇠약해지는 것은 자연스러운 일입니다. 그저 다시 용기를 내어 하느님의 말씀을 저버린 죄를 깊이 뉘우치십시오. 그리고 하느님의 자비하심을 믿으며 부족한 덕을 기르고자 다시금 노력하십시오.

– 제3부 제9장

55 Day

DATE   /   /   /

✝ 내 마음에 닿은 문장

✝ 《신심 생활 입문》 깊이 읽기
- 죄를 범해서 넘어졌을 때, 우리가 해야 하는 일은 무엇입니까?

✝ 나의 묵상

✝ 오늘의 다짐

열성과 노심초사

─⋄─

　필로테아 님, 매사에 신중하고 성실해야 합니다. 하느님께서는 그대가 맡은 일에 최선을 다하기를 바라십니다. 그러나 걱정하고 애태우지 않도록 노력하십시오. 불안해하거나 초조해하면 이성의 판단력이 흐려지고 올바르게 일을 수행하는 데 방해가 됩니다.
　일을 할 때에는 모든 것을 하느님의 섭리에 맡기십시오. 그대가 계획한 일의 성취 여부는 하느님의 섭리에 달려 있습니다. 그러므로 그대는 하느님을 신뢰하고 하느님의 섭리에 따르려고 노력해야 합니다. 또한 그 결과가 어떻든 그대 자신을 위해 가장 유익한 것이라고 굳게 믿어야 합니다.
　그대가 하는 일이 과연 하느님 아버지께서 기뻐하실 일인지 아닌지를 알고자 자주 하느님을 우러러보아야 합니다. 세상의 재화를 많이 얻으려고 그대를 지키고 보호하시는 하느님의 손을 놓아 버려서는 안 됩니다. 만일 하느님 아버지께서 그대의 손을 놓으시면, 그대는 끝없는 나락으로 떨어지고 말 것입니다.
　필로테아 님, 세상일을 하는 중에도 언제나 정신적인 여유를 가지고 하느님의 일을 생각하십시오. 넓은 바다를 항해하는 사람들이 희망의 항구를 향해 노를 저어 갈 때 높은 하늘을 쳐다보듯이, 아주 중요한 일을 맡아 온 정신을 집중해야 할 때에 자주 하느님을 우러러보십시오. 그러면 하느님께서는 그대와 더불어, 그대 안에서, 그대를 위해 섭리하시어, 그대의 노력이 알찬 결실을 맺게 해 주실 것입니다.

- 제3부 제10장

56 Day

+ 내 마음에 닿은 문장

+ 《신심 생활 입문》 깊이 읽기
- 지금 내가 하고 있는 모든 일이 하느님 뜻과 일치하는지 묵상해 봅시다.

+ 나의 묵상

+ 오늘의 다짐

풍요와 가난한 마음

재물이나 세속의 허무한 일들이 그대 마음에 들어오지 못하게 하십시오. 재산이 많다 해도 그것에 집착하지 말고 언제나 이를 초월해야 하며, 재물의 노예가 되지 말고 오히려 재물을 다스리는 사람이 되어야 합니다. 하찮은 세상의 재물에 얽매여서는 안 됩니다. 그대도 재물에 중독되지 않고도 그 재물을 소유할 수 있습니다. 재물은 집 안과 지갑에 넣어 두되 그대 마음속에는 절대로 쌓아 두지 마십시오.

재물이 있지만 그것에 집착하지 않는 그리스도인은 참으로 행복한 사람입니다. 이 세상에서 재물을 유익하고 바르게 써서 후세를 위한 청빈의 공로를 쌓을 수 있기 때문입니다.

그대가 재물을 모으는 데 부정한 수단을 쓰지 않는다 해도, 재물을 모으는 데 오랫동안 노심초사하면 탐욕의 죄를 짓고 있는 것입니다. 단지 물만을 원하는 것이라 해도 계속해서 마실 것을 찾는 사람은 열병이 있기 때문입니다.

올바른 방법으로 자기 재산을 지키려는 사람이 온갖 수단과 방법을 동원하여 자기 소유로 만들려는 사람보다 더 정의로운 사람입니다. 욕심을 부려 그대 것이 아닌 것을 차지하려고 하지 마십시오. 또한 자기 소유물에 너무 집착하지 말고, 손해를 입어도 크게 한탄하지 마십시오. 그러면 그대는 부유하면서도 재산에 마음을 쓰지 않고, 마음이 가난한, 축복을 받은 사람이 되어 천국이 당신 것이 될 것입니다.

— 제3부 제14장

57 Day

DATE   /   /

✟ 내 마음에 닿은 문장

✟ 《신심 생활 입문》 깊이 읽기
- 나눔을 실천하기보다, 재물을 모으는 일에 더 신경을 쓰는지 묵상해 봅시다.

✟ 나의 묵상

✟ 오늘의 다짐

부유한 환경 속에서 가난한 마음을 지니는 방법 (1)

필로테아 님, 우리가 소유하고 있는 재산은 우리의 것이 아닙니다. 우리의 유익을 위해 하느님께서 주신 것입니다. 그러므로 세상사에 성실하게 매진하는 것은 하느님의 거룩한 뜻에 맞는 일입니다. 이기심 때문에 재산을 모으려고 일하는 세상 사람들과 달리 우리는 하느님의 사랑을 위해 일해야 합니다. 이기심 때문에 일하면 초조와 불안, 근심으로 가득 차서 일하게 됩니다. 이와 반대로 하느님의 사랑을 위해 일하면 세속적인 일도 고요하고 평화로운 마음으로 하게 됩니다. 그러므로 우리는 차분한 마음으로 재물을 관리하고 늘리는 데 힘써야 합니다. 하느님의 사랑을 위해 재산을 늘리는 행위는 주님의 거룩한 뜻에 어긋나지 않습니다.

그러나 이기심에 속아서는 안 됩니다. 때때로 이기심은 하느님의 사랑이라는 가면을 쓰고 우리를 잘못된 길에 들게 합니다. 이런 잘못된 길로 들어서지 않으려면, 그리고 현세의 재물에 대한 염려가 탐욕으로 변하는 것을 방지하려면 하느님께서 우리에게 주신 부를 누리며 살면서도 진정으로 청빈하게 살아야 합니다.

그대는 재산 중 일부를 언제든지 기꺼이 포기하고 가난한 이들에게 나누어 줄 줄 알아야 합니다. 가진 것을 가난한 이들에게 많이 나누어 줄수록 그대는 청빈하게 사는 것입니다.

— 제3부 제15장

DATE   /   /   /

58 Day

+ 내 마음에 닿은 문장

+ 《신심 생활 입문》 깊이 읽기
- 내 주변에 있는 가난한 이웃과 더불어 살고 있는지 묵상해 봅시다.

+ 나의 묵상

+ 오늘의 다짐

부유한 환경 속에서 가난한 마음을 지니는 방법 (2)

그대가 진정으로 가난한 이들을 사랑한다면, 그대는 가난한 그들과 함께함으로써 그들처럼 가난해져야 합니다. 또한 그들을 자주 찾아 나서야 합니다. 그들을 그대의 집에 초대하고, 방문하는 일을 낙으로 삼아야 합니다. 기쁜 마음으로 그들과 대화하며, 어디에서 그들을 만나든지 언제나 밝은 마음으로 맞이해야 합니다. 함께 있을 때에는 그들을 친한 친구처럼 대하고 스스럼없이 말을 주고받으며, 부족함이 없을 정도로 그대 재산을 나누어 주십시오.

필로테아 님, 한 걸음 더 나아가 그대가 청빈의 길을 걷고 싶으면 가난한 이들만큼 가난해지는 것에 만족하지 말고 그들보다 더 가난해져야 합니다. 이와 같이 되려는 데 최상의 방법은 무엇일까요? '하인은 상전보다 뛰어나지 못한 법'이라는 말대로 그대 스스로 가난한 이의 하인이 되어 그들을 그대의 상전처럼 모시는 것입니다. 그들이 병들어 누워 있을 때 그들의 하인이 되어 음식을 만들고 세탁을 해 주며 병상에서 시중을 드십시오. 이러한 봉사는 한 나라의 통치권자가 되는 것보다 더 영광스러운 일입니다.

폭풍우, 홍수, 화재, 흉년, 도난, 소송 등의 재난으로 큰 손해를 입으면, 이때가 바로 청빈을 실천할 수 있는 좋은 기회입니다. 그대는 평온한 마음으로 재난에서 오는 불편을 견디어 내고 극복해야 합니다.

– 제3부 제15장

59 Day

✚ 내 마음에 닿은 문장

✚ 《신심 생활 입문》 깊이 읽기
- 우리가 진정으로 가난한 이들을 사랑한다면 어떻게 해야 합니까?

✚ 나의 묵상

✚ 오늘의 다짐

가난 중의 정신적인 부유

필로테아 님, 그대가 진정으로 가난한 사람이 되려면 정신적으로 더욱 가난해져야 합니다. 필요한 덕을 갖추는 데 그대가 놓인 환경을 이용하고, 청빈의 보화를 참으로 가치 있는 것으로 변화시킬 줄 알아야 합니다. 청빈은 현세에서는 사람의 시선을 끌지 못하지만, 실제로는 형언할 수 없을 정도로 아름답고 빛나는 보석처럼 귀한 것입니다.

그대가 가난을 선택하는 것이 아니라 그대 자신의 의지와는 상관없이 하느님께서 당신의 거룩한 뜻으로 그대를 가난하게 만드신다는 것입니다. 그러니 우리가 사랑하는 마음으로 하느님의 거룩한 뜻을 받아들인다면, 하느님께서는 매우 기뻐하실 것입니다. 우리가 자신을 비우고 작아질수록 하느님의 것은 더욱 커지기 마련입니다. 하느님의 거룩한 뜻을 기쁘게 받아들이면 가난의 고통은 그만큼 정화됩니다.

그대의 가난함을 부끄러워하거나 도움을 청하는 것을 부끄러워해서는 안 됩니다. 그대는 남이 주는 것을 겸손하게 받고, 거절당하더라도 이를 온순하게 받아들이십시오. 이때는 성모님께서 사랑하시는 아기 예수님을 품에 안으시고 이집트로 피난 가시던 고난의 여정을 묵상하십시오. 그때 성모님께서는 사람들로부터 얼마나 많은 경멸을 당하고 얼마나 혹독한 가난을 견디어 내셨겠습니까? 그대가 성모님을 본받아 생활할 수 있다면 그대는 가난한 가운데에서도 참으로 부유한 사람이 될 것입니다.

― 제3부 제16장

DATE   /   /   /

60 Day

✚ 내 마음에 닿은 문장

✚ 《신심 생활 입문》 깊이 읽기
- 나는 마음의 가난과 물질적 가난 중 무엇을 두려워하는지 묵상해 봅시다.

✚ 나의 묵상

✚ 오늘의 다짐

해롭고 그릇된 우정

사랑은 사람의 정서 중 첫째가는 것이며, 우리의 마음을 움직이는 주체입니다. 사랑은 모든 것의 중심으로서 우리를 사랑 가득한 사람으로 바꾸어 놓습니다.

필로테아 님, 올바르지 않은 애정에 일부러 매이지 마십시오. 그것은 그대를 비윤리적인 사람으로 만들기 때문입니다. 인간의 모든 애정 중에서 우정이 가장 위험한 요소를 가지고 있습니다. 다른 애정은 정신적인 교류 없이도 성립하지만, 우정은 상호 교류가 있어야 하기 때문입니다.

사랑이라고 해서 모두 다 우정이 되는 것은 아닙니다. 첫째, 자기가 사랑을 받지 않고도 남을 사랑할 수 있습니다. 이런 경우에 사랑은 있지만 우정은 없습니다. 우정이란 서로의 사랑이므로 상호 작용이 없으면 이루어지지 않습니다. 둘째, 우정은 상호 작용일 뿐만 아니라 사랑하는 두 사람이 의식하고 있어야 합니다. 이것이 없으면 사랑이라 해도 우정은 아닙니다. 셋째, 서로 선한 마음으로 교제를 해야 우정의 기초가 다져집니다.

교제하는 방법과 사람에 따라 우정도 변화합니다. 주고받는 마음이 그릇되고 허무한 것일 때에는 그 우정도 마찬가지입니다. 주고받는 마음이 보화처럼 진실하고 귀중할 때에는 그 우정도 참되고 귀중한 것이 됩니다. 이 보화가 귀중할수록 우정 또한 훌륭한 것이 됩니다.

― 제3부 제17장

DATE   /   /   /

01 Day

✝ 내 마음에 닿은 문장

✝ 《신심 생활 입문》 깊이 읽기
- 다른 이와 서로에게 좋은 영향을 주는 관계를 맺고 있는지 묵상해 봅시다.

✝ 나의 묵상

✝ 오늘의 다짐

진실한 우정

필로테아 님, 순수한 마음으로 모든 사람을 사랑하십시오. 사람들과 우정을 나눌 때에는 오로지 그대와 덕을 나눌 수 있는 사람을 선택하십시오. 서로 나누는 덕이 훌륭하면 훌륭할수록 그 우정은 완전해집니다. 함께 나누는 것이 학문이라면, 그 우정은 훌륭한 우정이 됩니다. 이보다 한 단계 더 올라가 수덕을 목적으로 삼고 신중, 분별, 용기, 정의를 나눈다면, 그 우정은 한층 더 훌륭해집니다. 마지막으로 그대의 목적을 애덕, 신심, 그리스도교의 완덕에 둔다면, 하느님께서도 그 우정이 매우 소중하다는 것을 아실 것입니다. 그 훌륭한 사랑은 하느님에게서 나와 하느님께로 향하며, 하느님과 연결되어 영원히 하느님 안에서 계속되기 때문입니다.

세상에서 살아가면서 신심을 수행하는 사람들은 거룩하고 특별한 우정을 맺을 필요가 있습니다. 왜냐하면 우정을 통해 서로 격려하고 도우며, 선을 향해 함께 나아갈 수 있기 때문입니다. 평야를 걸어갈 때에는 서로 손을 잡을 필요가 없지만, 미끄러운 산길을 오를 때에는 손을 잡아 끌어 주어야 넘어지지 않습니다. 그렇듯이, 험난한 길이 많은 이 세상에서는 서로 도움을 주고받는 우정이 필요합니다. 완덕은 단순히 우정을 맺는 데 있는 것이 아니라 선하고 거룩하고 진실한 우정을 맺는 데 있습니다.

― 제3부 제19장

62 Day

+ 내 마음에 닿은 문장

+ 《신심 생활 입문》 깊이 읽기
- 나의 신앙생활에 좋은 동반자가 되어 주는 벗은 누군지 묵상해 봅시다.

+ 나의 묵상

+ 오늘의 다짐

우정에 관한 다른 교훈

모든 사람에게는 결점이 있기 마련입니다. 그러나 친구와 사귈 때 우정과 함께 결점까지 받아들일 이유가 어디 있겠습니까? 물론 친구에게 결점이 있어도 그를 사랑해야 하지만, 그의 결점까지 사랑하고 받아들여서는 안 됩니다. 우정이란 선의 교환이지 악의 교환이 아니기 때문입니다. 강가에서 사금을 채취하는 사람들이 황금과 모래를 분리하여 금은 취하고 모래는 강가에 버리듯이, 우정을 나눌 때에도 친구의 선한 점만 받아들이고 결점의 모래는 분리하여 버리십시오.

남의 결점까지 더하지 않아도 우리 각자에게는 이미 많은 결점들이 있습니다. 그리고 우정을 나누는 데 그런 것들이 필요하지도 않습니다. 오히려 서로의 결점을 없애도록 도와주는 것이 참다운 우정입니다. 결점 있는 친구에게도 온유하고 친절하게 대해야 하지만 그의 결점을 좋게 말하거나 따라가서는 안 됩니다.

우정은 참된 덕의 기초 위에서만 유지됩니다. 우정 때문에 죄를 범한다는 것은 있을 수 없는 일입니다. 친구가 우리에게 죄를 짓게 한다면 그 사람은 더 이상 친구가 아닙니다. 그것은 우리의 영혼을 죽이는 행위이므로 그와의 우정을 끊어 버리는 것이 마땅합니다. 악인과 나누는 우정은 거짓된 우정임이 분명합니다. 사랑하는 사람이 악인일 때 우정 역시 악한 것으로 전락되기 쉽습니다. 왜냐하면 악한 사람을 닮아 가기 때문입니다.

— 제3부 제22장

63 Day

DATE   /   /

+ 내 마음에 닿은 문장

+ 《신심 생활 입문》 깊이 읽기
- 다른 이의 잘못된 행동을 보고도 방관했던 적은 없는지 묵상해 봅시다.

+ 나의 묵상

+ 오늘의 다짐

외적 고행

　나는 자신을 새롭게 하려고 할 때 머리 모양이나 옷차림을 비롯한 외모를 먼저 바꾸려고 할 것이 아니라 내면부터 새롭게 해야 한다고 생각합니다. 하늘에 계신 우리의 짝이신 주님께서는 우리 영혼에게 "인장印章처럼 나를 너의 가슴에, 인장처럼 나를 너의 팔에 지녀라."(아가 8,6 참조) 하고 말씀하십니다. 진정 그렇습니다. 예수 그리스도를 마음속에 간직하는 사람은 머지않아 그의 모든 외적 행위에서 이를 드러낼 것입니다.
　그대가 하느님의 영광을 위해 반드시 일해야 한다면 금식을 하는 것보다 일을 하는 것이 좋습니다. 이것이 성교회의 판단입니다. 성교회는 하느님과 이웃을 위해 일해야 하는 사람들에게는 법으로 규정된 금식재까지도 면제해 주고 있습니다. 금식을 하는 사람보다 병자를 돌보고 죄수를 방문하며 고해성사를 주고 강론을 하며 가난한 이를 돕고 기도하는 사람들이 훨씬 더 훌륭합니다. 왜냐하면 똑같은 고행이라도 전자는 자신만의 수행을 목적으로 하는 반면에 후자는 이웃 사랑을 위해 여러 가지 유익한 일을 하는 것이기 때문입니다. 일반적으로 미래를 위해 적당히 체력을 보존해 두는 것이 현재의 일에 필요 이상의 체력을 소모하는 것보다 낫습니다. 체력이 있으면 필요할 때 그 힘을 발휘할 수 있지만, 일단 소모된 힘은 필요할 때에 언제든 보충할 수 있는 것이 아니기 때문입니다.

― 제3부 제23장

DATE   /   /   /

04 Day

✢ 내 마음에 닿은 문장

✢ 《신심 생활 입문》 깊이 읽기
- 나 자신을 새롭게 하려고 할 때 해야 할 일은 무엇입니까?

✢ 나의 묵상

✢ 오늘의 다짐

대화와 침묵

다른 사람을 방문하거나 대화할 일이 없을 때에는 그대의 마음과 대화하십시오. 그러나 그대의 이웃이 그대를 찾아오거나 그대가 이웃을 방문할 때에는 따뜻하고 기쁜 마음으로 이웃과 대화하십시오. 나쁜 의도를 가진 대화나 방탕하고 사악하며 경솔한 사람과의 대화는 꿀벌이 더러운 곳을 피하듯 피해야 합니다.

잡담에 열중해서는 안 되지만 휴식 시간의 잡담은 문제 될 것이 없습니다. 누군가를 방문하거나 모임 같은 곳에 가서는 항상 예의 바르게 행동해야 합니다. 너무 헌신적일 필요도 없지만 상대방을 무시해서도 안 됩니다. 무례하거나 경솔하게 행동하지 말아야겠지만 지나치게 침묵을 지키는 것도 좋지 않습니다. 여왕벌 혼자서는 꿀을 만들 수 없지만 꿀벌과 함께하면 꿀도 장만할 수 있듯이, 신심 깊은 사람들과의 대화는 신심을 진보시키는 데 큰 도움이 됩니다.

대화를 할 때에는 항상 단순하고 소박하며, 온유하고 겸손한 마음을 지녀야 합니다. 사람들과 대화할 때에도 마음 한구석에 은둔소를 만들어 간혹 그곳에서 홀로 머무르면서(제2부 제12장 참조) 참된 고독을 사랑해야 합니다. 그대의 방이나 정원에서 고요한 가운데 좋은 생각과 거룩한 묵상에 잠기거나 영적 독서를 함으로써 그대의 영혼을 맑게 하라는 것입니다.

- 제3부 제24장

65 Day

DATE   /   /   /

+ 내 마음에 닿은 문장

+ 《신심 생활 입문》 깊이 읽기
- 말로서 누군가에게 상처를 주었던 적은 없는지 묵상해 봅시다.

+ 나의 묵상

+ 오늘의 다짐

하느님에 대한 대화

필로테아 님, 그대가 진정으로 하느님을 사랑한다면, 가족이나 친구들과의 대화 중에도 자주 하느님에 대한 이야기를 꺼내십시오. 왜냐하면 의인의 입은 지혜를 자아내고 그의 혀는 올바른 것을 말하기 때문입니다(시편 37,30 참조).

하느님에 대한 말을 할 때에는 하느님의 뜻에 맞게 해야 합니다. 하느님에 대한 존경과 믿음을 잃지 않고 교만한 태도나 훈계하는 듯한 말투를 사용하지 말아야 합니다. 하느님에 대한 말을 할 때에는 아가서에 나오는 여인처럼 사랑과 온유와 겸손한 마음으로 이야기해야 하며, 마치 향기로운 꿀을 한 방울씩 먹이듯 경건한 말을 상대방의 귀에 부어 주어야 합니다. 또한 그 사람의 영혼에 하느님 나라의 이슬이 깊이 스며들게 해 주시기를 하느님께 기도드려야 합니다.

결코 책망하는 말투로 이야기하지 말고 천사처럼 온유하고 자애로운 마음으로 그 사람을 하느님께 인도해야 합니다. 좋은 내용을 조용하고 온화하게 말하는 것은 사람들의 마음을 끄는 데 상상외로 큰 효과가 있습니다.

하느님에 대한 사랑과 신심에 대해 대화할 때에는 형식적이거나 무성의해서는 안 되며, 반드시 진지하게 정성을 다하여 말하십시오. 스스로 경건한 자로 자처하는 사람들 중에는 거리낌 없이 거룩한 신심에 관한 말을 하며 신심이 매우 깊은 사람처럼 잘난 체하는 사람들이 있는데, 그대는 이러한 어리석음을 저지르지 않도록 각별히 조심하십시오.

― 제3부 제26장

DATE   /   /   /

66 Day

✠ 내 마음에 닿은 문장

✠ 《신심 생활 입문》 깊이 읽기
- 다른 이들에게 하느님의 어떤 모습을 전해 주고 싶은지 묵상해 봅시다.

✠ 나의 묵상

✠ 오늘의 다짐

신중한 대화와 상대에 대한 존중

야고보 사도는 "누가 말을 하면서 실수를 저지르지 않으면, 그는 자기의 온몸을 다스릴 수 있는 완전한 사람입니다."(야고 3,2)라고 말했습니다. 비록 말하는 그대에게 악의가 없다 해도 듣는 사람은 그대의 말을 오해할 수 있습니다. 수건 위에 떨어진 기름 한 방울이 번져 수건을 얼룩지게 하듯이, 나약한 사람의 마음에 떨어진, 무심코 뱉은 말 한마디가 때로는 그 사람의 마음에 심한 상처를 입혀 끊임없이 망상에 사로잡히게 할 수도 있습니다.

어리석은 사람이 그대에게 무례한 말을 하면 적당한 방법으로 그대의 불쾌감을 드러내야 합니다.

상대를 비난하거나 조롱하는 말은 가장 사악한 것 중 하나입니다. 하느님께서는 이 죄를 혐오하시며 예전에는 이 죄를 특별한 방법으로 벌하셨습니다. 다른 사람을 조롱하고 경멸하는 것만큼 애덕을 거스르고 신심에 해를 끼치는 것은 없습니다. 이는 대죄에 해당됩니다.

그리스에서는 사람들이 겸손하고 유쾌하게 생활하는 가운데 쾌활하게 대화하는 것을 '유트라벨리'라고 하는데, 이를 번역하면 '즐거운 대화'라는 뜻입니다. 이것은 약간의 실수에서 생기는 웃음거리를 가지고 서로 농담하며 웃는 것입니다. 그러나 이러한 유쾌한 농담이 조롱이나 비아냥거림이 되지 않도록 조심해야 합니다. 조롱이란 남을 경멸하여 비웃는 것이지만, 농담은 타인에게 상처를 주지 않으며 결코 신뢰와 예의를 잃지 않는 것입니다.

- 제3부 제27장

DATE   /   /   /

67 Day

✚ 내 마음에 닿은 문장

✚ 《신심 생활 입문》 깊이 읽기
· '유트라벨리'라는 그리스어의 뜻은 무엇입니까?

✚ 나의 묵상

✚ 오늘의 다짐

그릇된 판단

　인간을 심판하시는 하느님의 의지와 목적은 하느님의 신비에 속하며, 그러므로 이웃을 우리 마음대로 판단하는 것은 하느님의 권능을 침해하는 행위입니다. 오히려 자신을 성찰해야 함에도 섣불리 남을 판단하는 것은 크게 잘못된 행위입니다. 판단을 받고 싶지 않으면 남을 함부로 판단하지 말아야 합니다.

　필로테아 님, 결코 남을 판단해서는 안 됩니다. 절대로 함부로 판단하지 마십시오. 죄인을 판단하실 분은 오직 하느님뿐이십니다. 하느님께서는 사람들의 귀에 당신의 심판을 알리시고자 법관을 이용하십니다. 법관은 단지 통역자에 불과합니다. 그들은 단지 하느님의 뜻을 전달해야 합니다. 하느님의 뜻이 아니라 자기 감정으로 다른 사람을 판결하는 사람은 훗날에 하느님의 심판 대상이 될 것입니다. 왜냐하면 하느님께서는 인간이 다른 사람을 심판하는 것을 엄금하셨기 때문입니다. 잘못된 것을 보았다고 해서 반드시 판단해야 할 필요는 없습니다. 우리는 쉽게 남을 판단하지만 성급한 판단은 항상 그릇될 수 있습니다.

　남에게 의혹을 품는 것을 반드시 죄라고는 할 수 없습니다. 우리가 삼가야 할 것은 함부로 판단하는 것입니다. 그러나 정당한 이유와 근거 없이 의혹을 품는 것은 그릇된 것입니다. 확실한 근거나 물증도 없이 무조건 나쁘게 해석하는 것은 성급한 판단입니다.

- 제3부 제28장

68 Day

DATE   /   /   /

✝ 내 마음에 닿은 문장

✝ 《신심 생활 입문》 깊이 읽기
- 우리가 이웃을 내 마음대로 판단하면 안 되는 이유는 무엇입니까?

✝ 나의 묵상

✝ 오늘의 다짐

비방

필로테아 님, 직접이든 간접이든 절대로 다른 사람을 비방하지 마십시오. 남에게 죄를 뒤집어씌우거나 결점이나 잘못을 들추어내서는 안 됩니다. 또한 이미 사람들에게 알려진 잘못이라도 이를 과장하여 부풀리거나 타인의 선행을 나쁘게 해석하는 짓, 그리고 타인의 덕을 부인하거나 악평하고 또는 은폐하는 짓을 해서는 안 됩니다. 이러한 모든 행위는 아무리 자신이 무고하다고 변명하거나 타인이 입은 상처를 부정한다 해도 거짓으로 그에게 해를 끼쳤으므로 하느님을 심하게 모욕하는 것입니다.

비방하지 않고자 한다는 핑계로 다른 사람이 저지르는 죄를 잘하는 일이라 아첨하며 부추기지 말아야 합니다. 모름지기 악은 악이라고 정직하게 말하고, 꾸짖을 것은 단호하게 꾸짖어야 합니다. 이러한 자세야말로 하느님의 영광을 위하는 참된 행위입니다.

타인에 대한 비방을 들을 때에는 먼저 그 말이 과연 사실인지 알아보고, 사실이 아닐 경우에는 비난받는 사람을 위해 해명을 하십시오. 그러나 그것이 사실일 경우에는 그대와 그 자리에 있는 사람들이 그러한 잘못을 범하지 않은 것이 오직 하느님의 은총임을 사람들에게 주지시키고, 최대한 비난하는 사람을 자제시키며 비난받는 사람의 장점을 알고 있다면 사람들에게 그 점을 말해야 합니다.

― 제3부 제29장

DATE   /   /   /

69 Day

+ 내 마음에 닿은 문장

+ 《신심 생활 입문》 깊이 읽기
· 하느님의 영광을 위하는 참된 행위는 무엇입니까?

+ 나의 묵상

+ 오늘의 다짐

건전한 오락

소풍을 가서 친구들과 유쾌하게 대화하고, 악기를 연주하며 노래를 부르는 것 등은 조금도 비난받을 일이 아닙니다. 때와 장소에 따라 적당히 즐기는 것은 문제가 되지 않습니다. 테니스, 당구, 승마, 장기 등과 같이 기술이 필요하며 신체와 정신을 강화하는 놀이는 그 자체로 정당한 오락입니다. 다만 금품을 걸거나 그 일에 많은 시간을 허비하지는 말아야 합니다. 그런 것에 너무 시간을 허비하면 그것은 오락이 아니라 심한 노동이 되어 휴식은커녕 심신이 피곤해집니다. 대여섯 시간 계속해서 장기를 두면 정신이 피로해지고, 오랜 시간 테니스를 계속하면 몸이 지치게 됩니다. 또한 내기에 건 금액이나 경품이 과하면 물욕 때문에 긴장하게 되고 마음이 산란해 집니다.

필로테아 님, 오락에 너무 빠지지 마십시오. 아무리 건전한 놀이라도 그것에 애착하면 악한 것이 되고 맙니다. 오락을 금하는 것은 아니지만 오락을 위한 오락이 될 정도로 정신이 팔리거나 집착해서는 안 됩니다.

― 제3부 제31장

70 Day

DATE   /   /   /

+ 내 마음에 닿은 문장

+ 《신심 생활 입문》 깊이 읽기
· 우리가 오락에 너무 빠지지 않아야 하는 이유는 무엇입니까?

+ 나의 묵상

+ 오늘의 다짐

성실

큰일뿐만 아니라 작고 보잘것없는 일이라도 우리 영혼의 배필이신 주님의 마음을 기쁘게 해 드릴 수 있다는 뜻이 숨어 있습니다. 그러므로 하느님을 기쁘게 해 드리고 싶으면 큰일이든 비천하고 작은 일이든 정성을 다해 주님을 섬기는 마음으로 해야 합니다. 그래야 주님의 사랑과 성심을 얻을 수 있습니다.

매일 일어나는 불쾌하고 머리 아픈 일들, 부부간의 사소한 다툼, 아끼던 물건의 고장이나 분실로 말미암은 속상함, 타인으로부터의 조롱과 멸시 등을 견디십시오. 또한 미사에 참례하고 성체를 모시고자 평소보다 일찍 일어나는 것이나 사람들이 보는 앞에서 신심을 수행할 때 느끼는 약간의 수줍음과 같은 사소한 고통을 기꺼이 감수한다면, 사마리아 여인에게 냉수 한 그릇을 받으시고 영원한 생명과 무한한 행복을 약속하신, 자애로우신 주님의 마음을 한없이 기쁘게 해 드릴 수 있습니다. 우리 주위에 이런 기회는 매우 흔합니다. 그대가 이를 적절하게 이용하면 많은 영적 보화를 얻을 것입니다.

또한 선한 마음과 생각을 사람들과 함께 나누면서 그대에게 주어진 중요한 일들을 처리해 나가십시오.

비록 작은 일이라도 그것을 통해 하느님을 섬길 기회는 얼마든지 있습니다. 모든 일을 주님의 이름으로 하면 다 잘될 것입니다. 식사나 취침, 휴식, 집안일 등 매사를 주님의 이름으로, 하느님의 거룩하신 뜻에 따라 행하면 하느님 나라에 많은 공로를 쌓을 수 있을 것입니다.

- 제3부 제35장

DATE   /   /   /

71 Day

✚ 내 마음에 닿은 문장

✚ 《신심 생활 입문》 깊이 읽기
· 작지만 주님을 기쁘게 해 드릴 수 있는 일은 무엇인지 묵상해 봅시다.

✚ 나의 묵상

✚ 오늘의 다짐

올바른 처신

사람에게는 이성이 있습니다. 그런데 진실로 이성적인 사람은 매우 드뭅니다. 자신도 모르는 사이에 자기애가 우리의 이성을 마비시키고, 여러 가지 사소하고 위험한 부정과 불의한 일에 끌어들이기 때문입니다.

우리는 다른 사람이 지니고 있는 아주 작은 결점을 보고 그 사람을 비난하지만, 자기 자신의 잘못에 대해서는 변명하기에 급급합니다. 흔히 자기 물건은 비싸게 팔려 하고 다른 사람의 물건은 싸게 사려고 하듯이, 다른 사람에게는 정의의 원칙을 내세우지만 자신에게는 자비와 동정을 베풀기를 바랍니다. 자신의 말은 선의로 해석해 주기를 바라지만, 다른 사람의 말에는 예민하게 대응하며 혹시 자신에게 불리하지나 않을까 염려하며 불안해합니다.

자신이 다른 사람에게 해 준 일은 대단한 것처럼 여기고, 다른 사람으로부터 받은 호의는 대수롭지 않게 여깁니다. 마치 두 개의 심장을 지닌 자고새처럼, 우리는 자기 자신에게는 친절하고 관대한 마음을 갖고, 다른 사람에 대해서는 엄격하고 완고한 마음을 가지고 있습니다.

공명정대하고 너그러운 마음을 가지고 사는 것은 결코 자신에게 손해가 되지 않습니다. 필로테아 님, 다른 사람이 그대에게 해 주기를 바라는 것을 그대가 다른 사람에게 베푼 적이 있는지 자주 성찰하기 바랍니다.

— 제3부 제36장

DATE   /   /   /

72 Day

+ 내 마음에 닿은 문장

+ 《신심 생활 입문》 깊이 읽기
- 다른 이로부터 받았던 도움이나 친절에 감사를 표했는지 묵상해 봅시다.

+ 나의 묵상

+ 오늘의 다짐

희망

하느님의 거룩한 뜻에 따르려면 투병 중에도 인내하고 고통을 견디며, 순명과 온유의 덕을 길러야 합니다.

해야 할 일이 있는 사람은 주어진 현실과 다른 삶을 바라면서 자기 의무를 소홀히 해서는 안 됩니다. 이러한 헛된 원의는 마음을 산란하게 하여 해야 할 일을 방해할 뿐입니다. 하느님께 봉사할 때도 자신에게 없는 삶의 양식을 부러워하지 말고 자신의 능력에 따라 주어진 일에 충실해야 합니다. 그러나 그것이 단지 가벼운 희망일 뿐 번민할 정도가 아니라면 그다지 염려할 필요는 없습니다.

주님께서 현재 그대에게 주신 십자가도 잘 인내하지 못하면서 더 많은 십자가를 청하지 마십시오. 남에게 받은 모욕을 인내할 용기도 없으면서 순교를 꿈꾼다면 이는 허황된 망상에 지나지 않습니다. 그대는 주님께서 주실 십자가에 대비하고 그 기회가 닥칠 때 시련을 잘 극복할 수 있도록 미리 수양에 힘쓰십시오.

하느님의 뜻에 맞는 순서에 따라 다음 것을 실천해 가면 무리한 욕심으로 시간을 낭비하는 일이 없게 될 것입니다. 내 말은 좋은 지향을 버리라는 뜻이 아니라 순서를 밟아 실천하라는 것입니다. 당장 실천하기에 어려운 것은 마음속에 유념해 두었다가 적절한 시기에 착수하십시오. 영적인 희망뿐만 아니라 세속적 희망도 마찬가지입니다. 단계를 밟지 않고 모든 것을 한꺼번에 하기를 바라면 우리의 일생은 불안과 기우의 연속이 되고 말 것입니다.

- 제3부 제37장

73 Day

DATE   /   /   /

✚ 내 마음에 닿은 문장

✚ 《신심 생활 입문》 깊이 읽기
- 우리는 하느님께 봉사할 때 어떤 마음가짐을 지녀야 합니까?

✚ 나의 묵상

✚ 오늘의 다짐

제4부

유혹을 식별하고 이겨 내기

세상의 비평에 대한 자세

　세상 사람들은 그대가 신심 생활에 전념하려는 것을 보면 그대에게 갖가지 냉혹한 비평과 비난을 퍼부을 것입니다. 어떤 사람은 그대의 결심을 위선이며 미친 짓이라고 공공연하게 떠들어 댈 것입니다. 또는 사람들이 보는 앞에서만 그런 척할 뿐이라고 말하는 사람도 있고, 그대가 세상에서 출세하지 못하고 실패했기 때문에 신심 생활에 몰두하게 되었다고 생각하는 사람도 있을 것입니다.
　바오로 사도의 말씀처럼 사랑은 친절하나(1코린 13,4 참조), 세상은 친절하지 않습니다. 사랑은 성을 내지 않고 앙심을 품지 않으나(1코린 13,5 참조), 세상은 언제나 약점을 들추어내기에 급급하며, 우리 행위에 비난의 여지가 전혀 없는 경우에도 우리의 의도를 나쁘게 추측하고 판단합니다.
　필로테아 님, 이런 소경들이 하는 말에 개의치 마십시오. 밤에 새들을 겁주려고 박쥐들이 고함을 치건 말건, 흔들리지 말고 우리의 길을 갑시다. 하느님께 헌신하고 경건한 신심 생활을 하겠다는 선택이 신중한 것이었는지는 우리의 끈기가 증명할 것입니다. 위선과 참다운 덕은 외관상으로 매우 유사해 보이지만, 위선은 얼마 뒤면 연기처럼 사라져 버리는 데 비해 참다운 덕은 변함이 없습니다. 우리는 세상에서 십자가에 못 박혔으니 세상을 십자가에 끌어들여야 합니다. 그러므로 세상이 우리를 어리석다고 폄하해도 절대로 흔들리지 마십시오.

― 제4부 제1장

DATE   /   /   /

74 Day

+ 내 마음에 닿은 문장

+ 《신심 생활 입문》 깊이 읽기
- 다른 이들의 말 때문에 내 신앙이 흔들린 적이 있었는지 묵상해 봅시다.

+ 나의 묵상

+ 오늘의 다짐

용기

필로테아 님, 새로 신심 생활을 시작하면 생활 방식의 변화 때문에 여러 번 불안을 느끼고 세상의 유희와 결별한 것에 대한 아쉬움 때문에 일종의 허탈감과 실망감에 사로잡힐지도 모릅니다. 그러나 그것은 일시적인 현상이며 처음의 미숙함에서 오는 약간의 불안감에 지나지 않으므로, 잠시 참으며 시간을 보내면 신심 생활을 통해 한없는 위안을 받을 것입니다. 세상 사람들에게 찬사를 받지 못하면 처음에는 섭섭하고 아쉬울 것입니다. 그러나 그러한 사소한 것들로 말미암아 하느님의 영원한 선물을 버리겠습니까? 예전에 그대가 즐기던 허망한 유희들이 자주 떠올라 마음이 혼란스러울 때도 있을 것입니다. 그렇다고 허무한 향락 때문에 하느님 나라의 영원한 행복을 버릴 작정입니까?

내 말을 믿으십시오. 이러한 유혹을 견뎌 내면 머지않아 그대는 환희로 충만해질 것입니다. 하느님 나라의 행복에 비하면 세상의 즐거움은 쓰디쓴 쓸개와 같고, 하루의 신심 생활에 비하면 천년의 세속 생활도 하잘것없다고 말하게 될 것입니다.

우리는 아직 신심 생활의 초보 단계이므로 당장은 그리스도교 완덕의 최정상까지 올라가고 싶은 희망을 이룰 만한 능력이 없습니다. 그러나 선한 희망과 결심으로 우리 영혼을 잘 가꾸고 정돈해 나가면 머지않아 양어깨의 날개가 튼튼하게 자란 영적인 꿀벌이 될 것이고, 완덕의 절정까지 날아가려는 우리의 지향도 꿈이 아닌 현실이 될 것입니다.

― 제4부 제2장

DATE   /   /   /

75 Day

✚ 내 마음에 닿은 문장

✚ 《신심 생활 입문》 깊이 읽기
- 일상의 즐거움을 포기하여 아쉬움을 느낀 적은 없는지 묵상해 봅시다.

✚ 나의 묵상

✚ 오늘의 다짐

유혹을 받는 것과 유혹에 동조하는 것

필로테아 님, 유혹을 받아도 결코 용기를 잃지 마십시오. 유혹을 극복하면 결코 패배한 것이 아니라는 것을 알아야 하며, 유혹을 받는 것과 동의하는 것에는 큰 차이가 있음을 잊지 마십시오. 유혹을 느낄 때 이를 혐오할 수도 있고, 이와 반대로 동의하여 쾌감을 느낄 수도 있습니다. 쾌락은 일반적으로 죄에 동의하는 과정에 있습니다. 그러므로 영혼 구원의 원수인 마귀가 아무리 간교한 수법으로 우리를 기만하려 해도, 끊임없이 우리 마음의 문턱을 서성거리며 안으로 들어오려고 여러 가지 수단으로 유혹해도, 우리가 이에 동의하지 않겠다고 결심하고 있는 한 하느님을 모독할 염려는 없습니다.

유혹이 우리 영혼에 쾌감을 던지면 우리 영혼은 모두 재로 변하며, 우리 안에 있는 하느님의 사랑은 아주 작아지고 마음과 정신 속에 깊이 파묻혀 겨우 눈에 뜨일 정도가 됩니다. 그러나 하느님의 사랑은 엄연히 살아 있습니다. 그래서 우리의 영혼과 육신이 모두 혼란 중에 있어도 죄의 유혹에 동의하지 않으려는 굳은 결심이 있으면 우리 영혼은 유혹과 쾌락에 빠져들지 않습니다. 또한 유혹이 우리 의지의 외부를 포위할지라도 내면까지는 침범하지 못합니다. 따라서 우리가 쾌락을 인식한다 해도 의지가 이에 동조하지 않으면 죄가 되지 않습니다.

― 제4부 제3장

DATE   /   /   /

76 Day

✝ 내 마음에 닿은 문장

✝ 《신심 생활 입문》 깊이 읽기
- 우리 영혼이 유혹과 쾌락에 빠져들지 않으려면 어떻게 해야 합니까?

✝ 나의 묵상

✝ 오늘의 다짐

유혹받는 영혼을 위로함

심한 유혹을 이겨 내고 하느님께 충실했던 사람들이라 해도 훗날 하느님의 은총에 합당하게 행동하지 못해 사소한 유혹에 굴복하는 일이 적지 않습니다. 내가 이런 말을 하는 이유는 그대가 대단히 심한 유혹 때문에 괴로울 때에도, 오히려 이것이 그대를 성장시키려는 하느님의 특별한 은총이라는 것을 깨닫게 하기 위해서입니다. 또한 은총 중에도 언제나 겸손하게 하느님을 경외하고 하느님에 대한 끊임없는 충성심을 갖지 않으면, 큰 유혹에는 이겼어도 작은 유혹에 넘어갈 수 있다는 것을 그대에게 가르치려는 것입니다.

어떠한 유혹을 당하거나 이로 말미암아 어떠한 쾌감을 느낀다 해도 그대의 의지가 유혹과 쾌락을 용납하지 않는 한, 하느님을 거스르는 것은 아니므로 불안해할 필요는 없습니다. 우리 영혼도 심한 유혹 때문에 기력을 완전히 잃고 거의 죽은 것처럼 미동도 할 수 없을 때가 있습니다. 그런 경우에는 그대의 가슴에 손을 얹어 영적 움직임이 있는지 느껴 보십시오. 다시 말해서 그대의 마음이 유혹과 쾌락에 동요하고 있는 것은 아닌지 성찰해 보십시오. 우리 마음이 유혹과 쾌락을 거부하는 한, 우리 영혼의 생명인 사랑이 살아 있고, 구세주 예수 그리스도께서도 우리 영혼에 거처하심을 분명히 알게 됩니다. 그리고 기도와 성사, 하느님에 대한 신뢰와 끊임없는 영적 수련으로 머지않아 기력을 회복하여 충만하고 기쁜 삶을 누릴 수 있는 자격을 얻게 될 것입니다.

— 제4부 제5장

DATE   /   /

77 Day

+ 내 마음에 닿은 문장

+ 《신심 생활 입문》 깊이 읽기
· 우리 마음이 유혹과 쾌락을 거부할 때 분명히 알게 되는 것은 무엇입니까?

+ 나의 묵상

+ 오늘의 다짐

유혹과 죄

우리가 유혹의 원인을 제공하면 단순한 유혹도 우리에게는 죄가 됩니다. 예를 들어, 도박을 하다 보면 자주 분노하고 독한 언사를 쓰게 되는데, 도박이 이러한 죄를 지을 기회가 된다는 것을 잘 알고 있으면서도 도박을 하는 사람은 노름하는 동안 일어나는 모든 불상사에 대한 책임을 져야 합니다. 또는 어떤 사람을 만나면 유혹에 빠져 틀림없이 죄를 짓게 된다는 것을 알면서도 그 사람을 찾아가면 자신이 스스로 죄의 구렁에 빠지는 셈이 됩니다.

다음으로 유혹을 당할 때 쾌락을 피할 수 있음에도 이를 피하지 않으면, 쾌락을 누린 정도에 따라 죄의 크기가 달라집니다.

어떤 죄에 대해 유혹을 느끼는 경우에는 그 유혹을 고의적으로 유발한 것은 아닌지 성찰하십시오. 만일 고의적이라면 그 유혹을 방치한 것도 죄가 됩니다. 또한 쉽게 유혹을 피할 수 있는 경우와 유혹이 있을 것을 미리 감지하고 예방할 수 있는 경우에도 경계를 등한시했다면 죄에 대한 책임을 면할 수 없습니다. 그러나 이와는 달리 자신이 유혹의 원인을 제공한 것이 아니라면 유혹을 받는 것 자체는 죄가 아닙니다.

쾌락의 유혹을 피할 수 있는데도 피하지 않으면, 그 쾌락의 경과와 정도, 동기 여하에 따라 크든 작든 죄를 지은 것입니다. 어떤 때에는 유혹에 대한 경계심을 갖기도 전에 매혹되는 경우가 있는데, 이러한 것은 매우 작은 허물에 지나지 않습니다. 그러나 이러한 것도 머뭇거리며 방치하면 그 죄는 점점 더 커집니다.

- 제4부 제6장

DATE   /   /

78 Day

✚ 내 마음에 닿은 문장

✚ 《신심 생활 입문》 깊이 읽기
- 유혹을 피할 기회가 있었으나 이를 방치했던 적은 없는지 묵상해 봅시다.

✚ 나의 묵상

✚ 오늘의 다짐

유혹에 대처하는 법

그대가 어떤 유혹에 사로잡히기 시작할 때에는 곧바로 하느님께 의탁하여, 그분의 자비와 도우심을 간구하십시오. 주님께서는 "유혹에 빠지지 않도록 일어나 기도하여라."(루카 22,46) 하고 강조하셨습니다. 기도를 드렸는데도 유혹이 사라지지 않고 점점 더 강해지면, 그대 눈앞에 십자가에 못 박히신 예수 그리스도께서 계신 것처럼 생각하고, 마음으로 거룩한 십자가에 달려가 입술을 대며 절대로 유혹에 넘어가지 않겠다고 주님께 맹세하십시오.

또한 주님께 간절하게 도움을 청하면서 유혹이 계속되는 동안 끊임없이 기도하십시오. 기도하는 동안 유혹에 대한 경계를 늦추지 말고, 주님을 우러러보면서 간절히 기도해야 합니다.

온갖 방법과 수단을 동원했는데도 유혹이 여전히 우리를 끈질기게 괴롭히는 경우에 우리가 취할 수 있는 방법은 한 가지밖에 없습니다. 우리도 이 유혹에 동조하지 않고 끈기 있게 버티는 것입니다.

그대의 원수인 악마와 말을 주고받지 마십시오. 우리가 악마에게 할 말은 주님께서 악마에게 하신 "사탄아, 물러가라. 성경에 기록되어 있다. '주 너의 하느님께 경배하고 그분만을 섬겨라.'"(마태 4,10)라는 말씀이면 족합니다. 신심 깊은 영혼은 유혹을 받아도 어리석게 악마와 서로 말을 주고받지 않고 우리의 짝이신 예수 그리스도께 드린 서약을 생각하며, 언제나 주님만을 믿고, 주님께만 속할 것을 굳게 다짐합니다.

― 제4부 제7장

DATE   /   /   /

79 Day

✚ 내 마음에 닿은 문장

✚ 《신심 생활 입문》 깊이 읽기
- 유혹에 사로잡히기 시작할 때, 주님께 도우심을 청했는지 묵상해 봅시다.

✚ 나의 묵상

✚ 오늘의 다짐

마음의 불안 (1)

　마음의 불안은 유혹이 아닙니다. 그러나 이것은 많은 유혹이 생기게 하는 원인이 되므로 이에 대해 언급할 필요가 있습니다. 우리 영혼은 악을 발견하고 비탄에 잠기는 순간이 오면 급히 그 악을 피할 방법을 찾습니다. 사람에게는 선을 지향하고 악을 피하려는 성향이 있으므로 이런 행동은 지극히 자연스러운 행동입니다.
　하느님을 사랑하는 마음으로 번민에서 벗어나려고 애쓰는 사람은 끈기 있고 온유하며, 자신의 수고나 노력보다는 하느님의 섭리에 겸손하게 따르려고 해야 할 것입니다. 이기적인 생각을 앞세우면 하느님의 도움이 아니라 자기 노력으로 성공하는 줄로 믿고 갖가지 계획을 세우는 데 열중합니다. 그러나 마음에 확신이 없어 초조함에서 벗어나지 못하게 됩니다. 자기가 찾는 것을 곧바로 발견하지 못하면 심한 불안과 근심에 싸이게 됩니다. 이런 사람은 불안에서 벗어나지 못할 뿐만 아니라 한층 더 불안에 집착함으로써 과도한 번뇌와 비탄에 잠기게 됩니다. 결국 용기마저 잃고 자포자기하기에 이릅니다. 불안은 한층 더 깊은 비탄에 잠기게 하므로 우리 영혼에게 매우 위험한 것입니다.
　불안 자체가 죄는 아니지만 영혼에 매우 불행한 결과를 가져옵니다. 나라에 내란이나 반란이 자주 일어나면 외적의 침입을 방어할 수 없을 정도로 국력이 약해지듯이, 우리 마음도 계속 불안에 빠지면 그간 쌓아 온 덕마저도 지켜 나갈 힘을 잃게 됩니다.

－ 제4부 제11장

80 Day

DATE   /   /   /

+ 내 마음에 닿은 문장

+ 《신심 생활 입문》 깊이 읽기
- 번민에서 벗어나려 애쓰는 사람은 어떻게 해야 합니까?

+ 나의 묵상

+ 오늘의 다짐

마음의 불안 (2)

　불안감은 악을 피하여 자기가 바라는 덕을 얻고 싶은 지나친 원의에서 생기며, 오히려 악에 빠져 덕을 멀리하게 만듭니다. 그물에 걸린 새들이 올가미에서 벗어나지 못하는 까닭은 빠져나가려고 발버둥치다가 점점 더 올가미에 휘감기게 되기 때문입니다. 악을 피하고 선의 경지에 오르려면, 먼저 마음을 진정시키고 올바른 판단을 할 수 있도록 정신적인 휴식을 취한 뒤 서서히 그대의 희망을 실현하는 데 필요한 최선의 방법을 단계적으로 밟아 나가야 할 것입니다.

　사소한 일이나 희망으로 그대의 마음을 불안하게 해서는 안 됩니다. 사소한 일로 불안해하면 오히려 큰일을 그르치게 되기 때문입니다. 불안감이 엄습할 때에는 하느님께 기도드리십시오. 또한 급박한 일이 아니라면 불안감이 완전히 진정된 뒤 그대가 바라는 일을 실행하십시오. 곧바로 착수해야만 할 상황이라 해도 감정을 진정시킨 다음, 온유하고 차분한 가운데 일의 순리에 따라 처리해야 합니다.

　그대의 지도자나 그대가 신뢰하는 신심 깊은 친구에게 그대의 불안감을 솔직하게 말하면 틀림없이 마음이 편해질 것입니다. 고열로 고생하는 사람이 사혈瀉血로 열이 내리는 것처럼, 마음의 고통을 가까운 사람에게 토로하는 것은 마음을 편하게 하는 좋은 방법입니다.

– 제4부 제11장

81 Day

DATE   /   /   /

✛ 내 마음에 닿은 문장

✛ 《신심 생활 입문》 깊이 읽기
- 나는 평소에 불안감을 어떤 방법으로 이겨 내고 있는지 묵상해 봅시다.

✛ 나의 묵상

✛ 오늘의 다짐

슬픔

근심은 그 결과가 좋은 것도 있고 좋지 않은 것도 있습니다. 그러나 대체로 좋지 않은 경우가 훨씬 더 많습니다. 좋은 결과는 자비심과 회심 두 가지뿐이지만, 좋지 않은 결과는 고뇌, 태만, 분노, 질투, 시기, 성급함 등 여섯 가지나 됩니다. 비관이 심해지면 마음이 산란해지고 불안감이 가중되어 공포에 휩싸이게 되며, 기도를 할 수 없게 됩니다. 또한 정신이 마비되어 사려, 결단, 분별, 용기를 잃고 기력이 쇠잔해집니다. 필로테아 님, 비관적인 생각이 엄습할 때에는 다음과 같은 방법을 강구해 보십시오.

기도는 제일 좋은 명약이며, 우리의 마음을 유일한 기쁨이고 위안이신 하느님께로 향하게 해 줍니다. "오! 자비하신 하느님, 사랑하올 하느님, 자애로 충만하신 구세주님, 제 마음의 주님, 저의 기쁨이시며 희망이시고 사랑이신 하느님!" 등의 신뢰와 사랑에 넘치는 감정과 말을 사용하여 기도해야 합니다.

비관에 빠질 기미가 보이면 전력을 다해 이를 물리쳐야 합니다. 기도할 의욕도 없어지고 서글픈 생각이 들 때에도 기도를 멈추어서는 안 됩니다.

그대 자신을 하느님의 섭리에 맡기고 그대의 근심을 과거의 헛된 환락에 따른 벌로 알고 인내하면, 하느님께서는 그 시련이 끝난 뒤에 틀림없이 그대를 불행에서 구해 주실 것입니다.

― 제4부 제12장

82 Day

DATE   /   /   /

+ 내 마음에 닿은 문장

+ 《신심 생활 입문》 깊이 읽기
- 내가 겪었던 슬픔과 아픔을 주님께 봉헌하며 이를 묵상해 봅시다.

+ 나의 묵상

+ 오늘의 다짐

영적이고 감성적인 위안 (1)

인간도 결코 한결같은 상태로 있지 않습니다. 인간은 물처럼 이 세상으로 흘러들어 온갖 변화를 겪게 됩니다. 희망에 부풀어 드높이 비상하다가도 밑바닥으로 곤두박질치기도 하고, 꼬불꼬불한 인생길에서 역경에 놓여 좌절과 두려움 속에 살다가도 희망으로 위안을 받기도 합니다. 다시 말해서 인생은 한순간도 한결같지 않습니다.

우리에게 가장 필요한 것은 이런 변화 속에서도 하느님을 향한 변함없는 마음을 지니는 것입니다. 우리 주변의 환경이 끊임없이 요동을 쳐도 우리는 항상 하느님을 바라보며 하느님께서 지시하시는 길로 나아가야 합니다. 우리 주변뿐만 아니라 우리 내부까지 뒤집히는 경우에도, 곧 환희가 비애로, 평화가 갈등으로, 안정이 불안으로, 광명이 암흑으로, 기쁨이 불쾌로, 참신함이 진부함으로 변해도, 그 어떤 상황에서도 우리는 우리 마음과 정신이 영혼의 나침반 역할을 하는 창조주이시며 구세주이신 하느님, 유일하시고 지극히 선하신 하느님의 사랑을 향하도록 해야 합니다.

우리를 주님의 사랑에서 떼어 놓을 수 있는 것은 아무것도 없습니다. 하느님을 저버리지 않고 주님의 감미로운 사랑을 결코 잊지 않겠다는 각오가 있으면, 살아가면서 어쩔 수 없이 겪게 되는 온갖 변화 속에서도 우리는 우리 영혼을 거룩하고 평정한 상태로 보존할 수 있습니다.

— 제4부 제13장

83 Day

DATE   /   /   /

✚ 내 마음에 닿은 문장

✚ 《신심 생활 입문》 깊이 읽기
· 어떤 상황에서도 우리 마음과 정신은 무엇을 향해야 합니까?

✚ 나의 묵상

✚ 오늘의 다짐

영적이고 감성적인 위안 (2)

　우리가 받는 위안에는 하느님께서 내리시는 참다운 위안과 세상으로부터 얻는 무익하고 위험하며 때로는 사악한 위안이 있습니다. 사악한 위안은 악마로부터 오는 것이므로 우리는 이를 분별할 줄 알아야 하며 선한 것들 중에서도 최상의 것을 식별할 줄 알아야 합니다.
　감미로운 영적 위안을 우리의 입과 마음, 영혼과 정신에 넣어 주시는 분은 어머니처럼 자애로우신 하느님이심을 깨닫는다면, 우리는 그 감미로움을 몇 배 더 강하게 느낄 수 있을 것입니다. 주님의 은혜를 겸손하게 받아들인 다음 그 은혜를 하느님의 거룩한 뜻에 합당하게 사용하고자 노력해야 합니다. 하느님께서 우리에게 감미로운 은혜를 내려 주신 이유는 무엇이겠습니까? 우리가 이웃에게 친절하고 하느님을 사랑하는 마음으로 충만해지도록 하려는 것입니다.
　우리가 진정으로 바라는 것은 하느님의 사랑이며, 위안이 아니라 위안을 주시는 분, 감동한 사실이 아니라 우리를 감동시키시는 구세주, 기쁨이 아니라 하늘과 땅의 기쁨 자체이신 분이시라고 말해야 합니다. 동시에 비록 일생 동안 단 한 번의 감격도 느끼지 못한다 해도, 변함없이 하느님의 사랑 안에 머물기로 결심하고 골고타와 타보르산에 계시는 주님과 함께 머물겠다는 각오로 "주님, 주님께서 십자가 위에 계시든, 영광 중에 계시든 언제나 당신과 함께 있으면 참으로 행복하겠나이다." 하고 고백해야 합니다.

― 제4부 제13장

DATE   /   /

84 Day

+ 내 마음에 닿은 문장

+ 《신심 생활 입문》 깊이 읽기
- 나에게 위안이 되어 주는 것은 무엇인지 묵상해 봅시다.

+ 나의 묵상

+ 오늘의 다짐

영적인 무미건조

필로테아 님, 우리는 여러 가지 원인 때문에 신심의 안정을 잃고, 무미건조한 상태에 빠지는 일이 종종 있습니다. 그러므로 우리는 이런 잘못을 저지르지 않았는지 성찰할 필요가 있습니다. 만약 우리 행위의 성찰을 통해 이 불행의 원인을 발견하면, 곧바로 하느님께 감사드려야 합니다. 그 원인을 찾으면 치유가 가능하기 때문입니다. 그러나 특별한 원인을 발견하지 못했을 경우에는 계속해서 찾아내려고 애쓸 필요는 없습니다. 그저 단순하게 다음과 같이 하십시오.

첫째, 하느님 앞에 그대 자신을 철저히 낮추고 그대가 허무하고 무가치한 존재임을 인정하십시오.

둘째, 하느님께 호소하고 위로해 주시기를 간구하십시오.

셋째, 고해 사제를 찾아가 그대의 영혼을 열어 구석구석까지 드러내 보이고, 그의 가르침을 단순하고 겸손하게 받아들이십시오.

넷째, 이러한 무미건조한 상태가 계속되면 거기에서 벗어나려고 초조하게 번민하지 않는 것이 이를 극복할 수 있는 최선의 방법입니다.

다섯째, 무미건조한 상태가 지속되더라도 결코 용기를 잃지 마십시오. 인내하고 주님께서 위안을 주실 날을 기다리며, 하루하루를 성실하게 살아가야 합니다.

무미건조할 때 하느님의 일에 더욱 열심히 종사하게 하는 것은 의지의 힘입니다. 마음이 무미건조할 때에는 윤택할 때보다 의지가 더욱 굳세지 않으면 하느님께서 바라시는 일을 할 수가 없습니다.

– 제4부 제14장

DATE   /   /

85 Day

+ 내 마음에 닿은 문장

+ 《신심 생활 입문》 깊이 읽기
· 무미건조한 상태가 계속될 때, 이를 극복하는 최선의 방법은 무엇입니까?

+ 나의 묵상

+ 오늘의 다짐

제5부

신심 생활 유지하기

신심 생활로 부르신 하느님의 은총에 대한 성찰

① 그대가 신심 생활을 시작할 때 다짐했던 약속들을 성찰하십시오. 첫째, 그대는 모든 대죄를 미워하고 끊어 버리겠다고 약속했습니다. 둘째, 하느님을 사랑하며, 하느님께 봉사하고자 그대의 영혼과 마음, 그리고 육신에 속한 모든 것을 주님께 봉헌했습니다. 셋째, 불행하게도 죄에 떨어지는 일이 있으면, 하느님 은총의 도우심으로 곧바로 재기하겠노라고 약속했습니다. 이와 같은 다짐이 얼마나 신성하고 도리에 합당하며 바람직한지를 살펴보는 것이 좋을 것입니다.

② 그대는 누구에게 이 약속을 했습니까? 그것은 하느님께 한 약속입니다. 인간과 맺은 약속도 엄중하게 지켜야 할 의무가 있는데, 하물며 하느님께 드린 약속은 어떠하겠습니까!

④ 그대가 어떻게 주님께 서약을 하게 되었는지 성찰하십시오. 그때 하느님께서는 매우 자애로우셨으며 그대는 성령의 감미로운 부르심을 받지 않았습니까! 하느님께서는 성사와 독서 그리고 기도 중에 당신 사랑의 감미로움을 표시하시고, 그대를 손수 이끄셨습니다.

⑥ 하느님의 부르심으로 말미암아 그대에게 어떤 변화가 생겼는지, 부르심의 효과를 곰곰이 살펴보십시오. 아마 그대의 현재와 과거를 비교해 보면 엄청난 변화를 발견할 것입니다. 이제 그대는 하느님께 감사드리고, 열렬한 마음으로 이 은총에 힘입어 신심 생활에 더욱더 정진하겠다는 기도를 드리십시오. 기도가 끝나면 겸손과 하느님에 대한 큰 신뢰로 성찰을 마무리하십시오.

- 제5부 제2장

86 Day

DATE   /   /   /

+ 내 마음에 닿은 문장

+ 《신심 생활 입문》 깊이 읽기
- 하느님의 부르심으로 내게 일어난 변화는 무엇인지 묵상해 봅시다.

+ 나의 묵상

+ 오늘의 다짐

신심 생활의 점검

신심 생활을 점검할 때 과실을 범했는지 또는 어떤 불완전함이나 장애를 느꼈는지 살펴보고, 권고를 듣고 결심을 세우며, 그것을 정신의 위로를 얻을 재료로 삼으십시오. 이런 수행을 실천하는 날에는 되도록이면 세상사에 관여하지 말고, 특히 저녁 시간에는 홀로 있는 시간을 정해 일찍 침실로 들어가 휴식을 취하면서 그대의 신심을 성찰하십시오. 낮 시간에는 하느님과 성모님, 모든 천사들과 성인들에게 화살기도를 바치고 하느님을 사랑하는 열렬한 마음과 그대 자신의 완덕을 바라는 의지로 모든 것을 해야 합니다.

첫째, 하느님 앞에 나아가십시오.

둘째, 성령께 광명의 은혜를 청하십시오. 광명의 은사가 그대에게 필요한 이유는, 이 은사가 있어야 그대가 겸손한 마음으로 하느님 앞으로 나아가 자신의 신심 상태를 철저히 파악할 수 있기 때문입니다. 그대가 그대 자신의 진보를 점검하는 목적은 스스로 자랑하려거나 자신의 영광을 위해서가 아니라, 하느님 안에서 기뻐하고 하느님께 영광을 드리며 감사드리는 데 있음을 주님께 분명하게 아뢰십시오.

셋째, 점검 결과 그대의 예상대로 신심이 조금만 진보했거나 또는 오히려 퇴보되었다 해도 낙담하거나 실망하거나 용기를 잃지 마십시오. 오히려 더욱 분발하여 한층 더 겸손한 마음으로 은총의 도우심을 받아 그대의 과오를 보상하겠다는 다짐을 주님께 약속드리십시오.

― 제5부 제3장

87 Day

DATE   /   /   /

+ 내 마음에 닿은 문장

+ 《신심 생활 입문》 깊이 읽기
· 신심 생활을 점검할 때, 낮 시간에 해야 할 일은 무엇입니까?

+ 나의 묵상

+ 오늘의 다짐

하느님에 대한 마음가짐의 점검

① 대죄에 대한 그대의 마음가짐은 어떻습니까? 어떠한 일이 있어도 결코 대죄를 범하지 않겠다는 굳은 결심이 서 있습니까?

② 하느님의 십계명에 대한 그대의 마음가짐은 어떻습니까? 그대는 여전히 주님의 계명을 신선하고 기쁘게 느끼고 있습니까? 신심이 깊은 사람만이 주님 계명의 감미로운 맛을 느낄 수 있습니다.

③ 작은 허물에 대한 그대의 마음가짐은 어떻습니까? 어쩔 수 없이 소죄를 범하거나 이따금 저지르는 작은 과오는 없습니까?

④ 신심 수행에 대한 그대의 마음가짐은 어떻습니까? 기꺼운 마음으로 수행하고 그 가치를 인정하고 있습니까? 수행에 염증을 느끼거나 회피한 적은 없습니까?

⑤ 하느님에 대한 그대의 마음가짐은 어떻습니까? 하느님을 생각하면 기쁨을 느낍니까?

⑦ 참하느님이시며 참사람이신 예수 그리스도에 대한 그대의 마음가짐은 어떻습니까? 주님을 생각하면 기쁨을 느낍니까?

⑧ 그대는 성모님과 모든 성인들, 그리고 그대의 수호천사를 어떻게 생각하고 있습니까? 그분들을 사랑하며, 그분들의 보호를 각별히 신뢰하고 있습니까? 그분들의 상본을 보거나 전기를 읽을 때 그분들을 찬미하고 기쁨을 느낍니까?

⑩ 그대의 행위에 대해 성찰하십시오. 하느님의 외적 영광과 그분의 존엄하심을 드높이 현양하고자 무슨 일을 하고 있습니까?

– 제5부 제4장

DATE   /   /   /

88 Day

+ 내 마음에 닿은 문장

+ 《신심 생활 입문》 깊이 읽기
· 오늘 집중적으로 묵상하고자 하는 점검 사항은 무엇인지 생각해 봅시다.

+ 나의 묵상

+ 오늘의 다짐

자신의 태도에 대한 점검

① 그대는 자신을 어떤 식으로 사랑하고 있습니까? 그대가 이 세상 삶만을 사랑한다면, 이 세상에 오래 머물려고 온갖 방법을 동원할 것입니다. 그러나 그대가 하늘나라의 영원한 삶을 사랑한다면, 주님께서 예정하신 날에 이 세상을 떠날 때 이 세상에 대해 아무런 미련도 갖지 않을 것입니다.

② 그대는 자신을 올바르게 사랑하고 있다고 생각합니까? 우리를 멸망시키는 것은 자신에 대한 올바르지 않은 사랑입니다. 올바른 사랑이란 육체보다 영혼을 더 사랑하고 세상 영화보다 덕을 쌓으려고 희망하고 노력하는 것이며, 세상 명예보다 하늘나라의 영광을 소중하게 여기는 것입니다.

③ 그대 마음에 대해 그대는 어떤 사랑을 품고 있습니까? 마음이 병들어 있을 때 이를 치유하는 데 태만하지 않았는지 성찰하십시오.

④ 하느님 앞에서 그대가 가치 있는 존재라고 생각하고 있습니까? 물론 보잘것없고 허무한 존재라고 생각할 것입니다. 그러나 파리 한 마리가 하늘 높이 솟은 산을 보고, 물 한 방울이 망망대해를 보고, 한 번 번쩍이는 섬광이 이글거리는 태양의 염열炎熱을 보고 나서야 자신이 보잘것없고 허무한 존재임을 인정하는 것은 진정한 겸손이 아닙니다. 진정한 겸손은 자신과 남을 비교하고서는 자신이 우월하다고 여기지 않고, 다른 사람의 찬사를 바라지도 않습니다. 그대는 어떻습니까?

— 제5부 제5장

DATE   /   /   /

89 Day

✚ 내 마음에 닿은 문장

✚ 《신심 생활 입문》 깊이 읽기
· 세상 것과 하늘나라의 가치를 올바르게 구별하고 있는지 묵상해 봅시다.

✚ 나의 묵상

✚ 오늘의 다짐

타인에 대한 애덕의 점검

남편과 아내는 서로 감싸 주고 편안하게 해 주어야 하며, 또한 서로 믿고 사랑해야 합니다. 이는 하느님의 계명이므로 부부는 누구보다도 자기 배우자를 사랑해야 하고, 그 사랑이 자녀, 친척, 친구로 이어져야 합니다.

이웃에 대한 그대의 사랑은 어떠한지 성찰하십시오. 하느님을 사랑하고자 진심으로 그들을 사랑합니까? 이를 잘 분별하려면 까다롭게 굴고 잔소리를 하는 사람에 대한 그대의 태도를 성찰하면 됩니다. 이웃에 대한 애덕은 말과 행위로 우리에게 해를 끼치는 사람들을 사랑할 때 드러납니다. 그대는 마음을 비우고 편안한 마음으로 그들을 대할 수 있습니까? 그들을 사랑하는 것이 고통스럽지 않습니까? 그대를 사랑하지 않는 사람을 험담한 적은 없습니까? 직간접으로 이웃에게 해를 끼친 적은 없습니까? 이런 사실은 사리가 밝지 않다 해도 쉽게 알 수 있습니다.

- 제5부 제6장

DATE   /   /   /

90 Day

✚ 내 마음에 닿은 문장

✚ 《신심 생활 입문》 깊이 읽기
- 이웃에 대한 애덕은 어떠할 때 드러나게 됩니까?

✚ 나의 묵상

✚ 오늘의 다짐

자신의 감정에 대한 점검

자신의 과오에 대한 성찰은 신심 생활의 진보에 각별한 뜻을 두지 않은 사람들도 할 수 있는 고해 준비에 지나지 않습니다.
① 하느님과 이웃 그리고 그대 자신에 대한 사랑은 어떠했습니까?
② 누가 범한 것이든 죄는 철저히 혐오하고 피해야 합니다.
③ 재산, 쾌락, 명예에 과도하게 집착하지는 않았습니까?
④ 흔히들 죄를 범할 위험보다는 재산과 명예의 상실에 대해 더 두려워하고 염려하는 경향이 있습니다.
⑤ 세속의 일반 사람들처럼 현세와 피조물에는 집착하면서 하느님과 하늘나라의 보화에 대한 열망이 식은 것은 아닌지 성찰하십시오.
⑥ 허무한 세상사에 심한 비애를 느낀 적은 없습니까?
⑦ 세상사에 지나칠 정도로 연연하지는 않습니까?
⑧ 어떠한 감정이 그대의 정신적인 자유를 방해하고 그대 영혼에 영향을 주고 있습니까? 그대가 실패한 것은 주로 어떤 것입니까?

바이올린 연주자가 현을 조율하듯이, 우리도 자신의 감정을 조율하여 영혼에 합당하지 않은 증오, 좌절, 집착, 편견 등의 요소들을 제거해야 합니다. 우리가 연주하려는 하느님의 영광과 조화를 이루지 못하는 감정을 발견하면 하느님의 은총과 지도 신부의 지도를 받아 이를 조율해야 합니다.

- 제5부 제7장

91 Day

DATE   /   /   /

✚ 내 마음에 닿은 문장

✚ 《신심 생활 입문》 깊이 읽기
- 우리가 자신의 감정을 조율하여 제거해야 하는 요소들은 무엇입니까?

✚ 나의 묵상

✚ 오늘의 다짐

양심 성찰 뒤의 마음가짐

　양심 성찰에 관한 각 항목을 고요히 묵상하여 그대의 상태를 파악한 뒤 다음과 같은 마음가짐을 지니십시오.
　① 그대가 신심 생활에 전념하기로 결심한 뒤 조금이라도 진보하게 된 것은 하느님의 자비에 따른 것임을 깨닫고 하느님께 감사드리십시오.
　② 하느님 앞에 나아가 그대의 신심이 진보하지 못한 원인은 그대의 탓임을 아뢰십시오. 또한 기도 생활을 열심히 하지 않았고, 하느님께서 주신 감도와 광명, 권고에 충실하게 따르지 않았기 때문이라고 말씀드리십시오.
　③ 천성이 허약한 그대의 신심이 조금이라도 진보하도록 인도해 주신 하느님의 은총을 영원히 찬미하겠다고 주님께 약속드리십시오.
　④ 주님의 은총에 불충실하게 반응했던 과오에 대해 용서를 비십시오.
　⑤ 그대 마음을 주님께 바치고 주님께서 완전히 지배해 주시길 간구하십시오.
　⑥ "주님께 충실한 사람이 되게 해 주소서." 하고 기도드리십시오.
　⑦ 성모님, 수호천사, 수호성인, 성 요셉 그리고 모든 성인들에게 도움을 청하십시오.

- 제5부 제8장

DATE   /   /

92 Day

+ 내 마음에 닿은 문장

+ 《신심 생활 입문》 깊이 읽기
· 양심 성찰에 관한 항목 중, 주님께 약속드려야 할 것은 무엇입니까?

+ 나의 묵상

+ 오늘의 다짐

성찰과 묵상 1: 영혼의 가치

우리 영혼에는 하느님을 사랑하려는 고귀한 의지가 있기 때문에 하느님을 미워할 수 없습니다. 꿀벌이 더러운 것에 접근하지 않고 아름다운 꽃에서 즐겁게 꿀을 채집하듯이, 우리 마음도 하느님 품속에 있어야 비로소 안정과 만족을 누릴 수 있습니다.

이전에 그대가 불행으로 괴로워했던 일들을 회상해 보십시오. 실제로 그것들은 잠시의 불안과 근심거리에 지나지 않았는데도 그대 마음은 그것으로 말미암아 번민하지 않았습니까? 이제 그대는 그것을 악마의 시험이라고 판단해야 합니다.

사람들은 자기가 애착을 느끼는 사람이나 사물을 보면 자기가 바라는 것을 이룰 수 있을 것으로 생각하고 돌진합니다. 그러나 막상 그것을 손에 넣으면 그때까지 들인 공이 부질없는 것이었으며 자신을 충족시키지 못하는 것임을 깨닫습니다. 마치 노아의 방주에서 벗어나 광활한 세상으로 날아간 비둘기처럼, 우리 마음도 자신의 본향인 하느님께 돌아가지 않으면 그 어느 곳에서도 평화로운 안식을 찾을 수 없습니다. 이 모든 일은 하느님의 거룩한 뜻입니다. 우리는 하느님께로 향하는 천성적으로 아름다운 마음을 억지로 피조물에 예속시키지 말아야 합니다.

― 제5부 제10장

DATE   /   /

93 Day

+ 내 마음에 닿은 문장

+ 《신심 생활 입문》 깊이 읽기
· 우리 영혼에는 무엇이 있어서 하느님을 미워할 수 없도록 합니까?

+ 나의 묵상

+ 오늘의 다짐

성찰과 묵상 2: 덕행의 탁월함

덕행과 신심만이 그대의 영혼을 이 세상에서 행복하게 할 수 있습니다. 덕의 탁월함을 묵상하고 덕과 정반대되는 죄악과 비교해 보십시오. 관용과 복수심, 온유와 분노, 겸손과 교만, 자선과 탐욕, 자애와 투기, 그리고 규율과 무질서를 비교해 보십시오. 전자가 후자에 비해 얼마나 아름답습니까! 덕을 행하면 말로 표현할 수 없을 정도의 기쁨이 우리 마음에 가득차지만, 죄악은 우리 영혼을 황폐하게 만들고 고통만을 남겨 줍니다. 그런데도 사람들은 왜 이 감미로운 기쁨을 얻고자 덕에 매진하지 않는지 모르겠습니다.

아무리 사소한 것이라 해도 죄악은 마음의 기쁨을 빼앗고, 심해지면 불행의 근원이 됩니다. 이와 반대로 작고 보잘것없는 것이라 해도 덕은 사람에게 행복을 주고, 덕을 쌓으면 쌓을수록 기쁨은 더욱 커집니다.

신심 생활을 하는 이여, 그대는 참으로 아름다고 신선하며 기쁨으로 가득 찬 삶을 살고 있습니다! 그대는 신심 생활과 덕행으로 삶의 고통을 완화하고 위안을 증대시키고 있습니다.

신심 생활을 하지 않으면 선도 악이 되고, 그대의 마음에서 기쁨이 사라지고 불안과 번민으로 가득 차게 된다는 것을 잊지 마십시오. 예수의 데레사 성녀와 시에나의 가타리나 성녀가 각자 경우는 달랐으나 신심 생활 중 기도를 멈추지 않았듯이 그대도 주님께 끊임없이 기도드리십시오.

― 제5부 제11장

DATE   /   /

94 Day

+ 내 마음에 닿은 문장

+ 《신심 생활 입문》 깊이 읽기
· 오늘 하루 동안 다른 이를 위해 선행을 실천하고, 이를 묵상해 봅시다.

+ 나의 묵상

+ 오늘의 다짐

성찰과 묵상 3: 성인들의 모범

성인들이 보여 주었던 여러 가지 모범적인 삶을 살펴보십시오. 그분들은 하느님의 사랑과 신심 생활을 위한 일이라면 어떠한 희생도 주저하지 않고 바쳤습니다. 순교자들은 신앙을 지키려고 온갖 형벌과 고문을 감수했습니다. 그들의 용기와 결심은 참으로 놀라운 것이었습니다. 그들은 신앙과 신심을 지키겠다는 결심으로 혹독한 형벌을 참았습니다. 어떤 이는 정결을 잃지 않으려고 죽음을 선택했고, 어떤 이는 가난한 이에게 봉사하고 환난 중에 있는 사람을 위로하며 죽은 이들을 장사 지내다가 순교의 길을 갔습니다.

수많은 성인 증거자들에 대해 묵상해 보십시오. 세상의 영화를 포기하고 주님을 증거하겠다는 단호한 결심으로 이를 관철한 그들의 용기는 말이나 글로는 제대로 표현하기 어려울 정도로 훌륭했습니다. 어떠한 방해와 장애도 그들의 결심을 꺾지 못했으며, 그들은 하느님께 봉사하고 자기를 헌신함으로써 자신들의 서약을 훌륭하게 지켰습니다.

탁월한 수호성인들이 도와주고 있는 이상, 우리가 이루지 못할 것이 없습니다. 그분들도 신심 생활을 하고 있는 우리와 같이 하느님을 위해 수덕에 매진했습니다. 그러면 우리가 각기 다른 소명에 따라 자신의 삶을 살면서 신심 생활을 하겠다는 서약을 지키면서도 이분들처럼 거룩하게 되지 못하는 이유는 무엇이겠습니까? 그 이유를 곰곰이 성찰해 보십시오.

— 제5부 제12장

DATE   /   /

95 Day

✚ 내 마음에 닿은 문장

✚ 《신심 생활 입문》 깊이 읽기
· 나의 수호성인의 모습에서 어떠한 점을 본받고자 하는지 묵상해 봅시다.

✚ 나의 묵상

✚ 오늘의 다짐

성찰과 묵상 4: 우리를 사랑하시는 예수 그리스도

필로테아 님, 사랑하올 예수 성심께서는 십자가 위에서 그대 마음을 바라보시고 사랑하셨으며, 이 사랑으로써 그대 마음을 차지하셨습니다. 주님의 신묘하신 사랑은 그분의 자비에서 나오며, 주님께서는 구원에 필요한 모든 방법은 물론, 우리의 결심까지도 미리 마련해 두셨습니다. 주님께서는 그대를 사랑으로 품으시고 영원한 생명으로 다시 태어나게 하셨으며, 그대를 당신의 아기로 만드시려고 그대에게 유익한 모든 것, 곧 그대 영혼이 완덕에 이르는 모든 방법과 은총을 준비해 두셨습니다.

구세주께서 그대를 마음속 깊이 사랑하시고 그대를 위해 마련하신 여러 가지 기회를 그대가 과연 얼마나 사랑하고 노력하며 이용해야 하는지를 생각해 보십시오. 우리 주님께서는 당신께서 사랑하시는 모든 자녀들에게 필요한 것을 주실 때에는 다른 일은 모두 잊으실 정도로 우리를 사랑하십니다. 그래서 "나를 사랑하시고 나를 위하여 당신 자신을 바치신 하느님의 아드님"(갈라 2,20)이라고 바오로 사도는 고백했습니다. 이 말씀은 마치 주님께서 오직 그대만을 생각하시고 사랑하시며, 다른 사람들을 위해서는 아무것도 하시지 않는 것처럼 들립니다.

그대의 결심은 구세주의 성심께 이처럼 소중한 것이니 그 마음을 다지고 기르고자 위의 바오로 사도의 말씀을 마음속 깊이 새겨 두십시오.

— 제5부 제13장

96 Day

DATE   /   /   /

+ 내 마음에 닿은 문장

+ 《신심 생활 입문》 깊이 읽기
· 한없는 주님 사랑을 깨달았던 순간을 떠올리며 그 은총을 묵상해 봅시다.

+ 나의 묵상

+ 오늘의 다짐

성찰과 묵상 5: 하느님의 영원하신 사랑

 하느님께서는 언제부터 우리를 사랑하셨겠습니까? 그분께서는 우리를 창조하실 때부터 사랑하셨습니다. 그러면 언제부터 하느님께서 계시기 시작하셨습니까? 하느님께서는 시작과 끝이 없으신 분이시므로 시간이 아닌 영원으로부터 존재하십니다. 하느님께서는 영원으로부터 우리를 사랑하시고, 영원으로부터 우리에게 주실 모든 은총과 은혜를 마련하셨습니다. 하느님께서는 예언자들의 입을 통해 이렇게 말씀하셨습니다.

 "나는 너를 영원한 사랑으로 사랑하였다. 그리하여 너에게 한결같이 자애를 베풀었다."(예레 31,3)

 이 말씀은 모든 사람에게 하시는 말씀인 동시에 특히 그대에게 하시는 말씀입니다. 하느님께서는 그대의 모든 면을 염려하시고 배려하시는 동시에, 그대가 헌신과 봉사의 삶을 살기로 결단을 내리도록 하시려고 그대에게 말씀하시는 것입니다. 오! 하느님께서는 이 말씀을 영원으로부터 계획하시고 예정하신 것입니다! 그대는 참으로 하느님의 사랑과 자애를 받고 있는 소중한 존재입니다. 그러므로 그대는 하느님을 사랑하는 일이라면 어떠한 고통도(천지가 무너진다 해도) 견뎌야 합니다. 온 세상을 다 얻는다 해도 영혼의 가치와는 비교될 수 없으며, 영혼의 진정한 가치는 결연한 마음가짐에 있습니다.

- 제5부 제14장

DATE   /   /   /

97 Day

+ 내 마음에 닿은 문장

+ 《신심 생활 입문》 깊이 읽기
· 주님께서 예레미야서 31장 3절을 통해 말씀하시고자 하는 바는 무엇입니까?

+ 나의 묵상

+ 오늘의 다짐

신심 수행 뒤 되새겨야 할 결심

신심 수행을 새롭게 한 날부터 며칠 동안은 바오로 사도, 성 아우구스티노, 제노바의 성녀 가타리나처럼 다음과 같은 결심을 반복하여 마음속으로 읊어 보십시오.

"나는 내 것이 아닙니다. 사나 죽으나 나는 구세주의 것입니다. 나 자신이나 나의 것도 없습니다. 나의 자아는 예수님이시고, 나의 것은 예수님의 것입니다."

이제부터 우리는 과거의 우리가 아닙니다. 우리는 이미 변했습니다. 지금까지 우리는 세상에 속아 왔으나 이번에는 세상이 우리에게 속을 차례입니다. 세상은 우리가 변한 것을 모르고 우리를 에사우라고 믿겠지만, 실제 우리는 야곱이 되었기 때문입니다.

이러한 모든 신심 수행은 마음속에 반드시 보존해야 할 귀중한 것입니다. 성찰과 묵상이 끝나면 일상생활로 다시 돌아가야 하지만, 우리가 한 결심을 잃는 일이 있어서는 안 됩니다. 이 결심을 끊임없이 되새겨야 합니다.

― 제5부 제16장

98 Day

DATE   /   /   /

+ 내 마음에 닿은 문장

+ 《신심 생활 입문》 깊이 읽기
- 주님께 드렸던 약속을 일상에서 꾸준히 실천하고 있는지 묵상해 봅시다.

+ 나의 묵상

+ 오늘의 다짐

의혹에 대한 응답

세상 사람들은 간교하게도 그대가 세상에서 매우 중요한 일을 하고 있으므로 신심 수행을 하지 않아도 된다고 그대를 꼬드길 것입니다. 나는 그대에게 하던 일들을 완전히 중단하고 모든 시간을 신심 수행에 전념하라고 하는 것은 아닙니다.

필로테아 님, 그대도 내가 지시한 대로 신심 수행을 시작하십시오. 하느님께서는 그대가 수행 중에도 맡은 바 직무를 완수할 수 있는 시간과 활력을 주실 것입니다. 하느님께서 여호수아가 임무를 완수하도록 태양의 운행까지도 중지시키셨듯이, 그대를 위해 필요하다면 그 이상의 일도 하실 것입니다. 하느님께서 우리와 함께 계신다면 우리에게는 이루지 못할 일이 없습니다.

나는 항상 그대를 기도의 은사를 받은 사람으로 알고 있습니다. 그러나 그 은혜는 모든 사람에게 있는 것이 아니므로 세상 사람들은 그대의 신심 수행이 모든 사람들에게 해당되는 것은 아니라고 평가 절하를 할지도 모릅니다. 내가 그대의 기도 능력을 인정하듯이 모든 사람이 다 기도 은사를 받은 것은 아니라는 것 역시 사실입니다. 그러나 아무리 무지하고 문맹인 사람이라도 훌륭한 영적 지도 신부의 지도 아래 착실하게 노력하면 이 은혜를 받을 수 있습니다. 매우 드문 일이지만 기도의 은사가 전혀 없는 사람은 현명한 영적 지도자가 저술한, 성찰을 위한 묵상 서적을 읽거나 들음으로써 이 결점을 보완할 수 있을 것입니다.

— 제5부 제17장

99 Day

DATE / /

✠ 내 마음에 닿은 문장

✠ 《신심 생활 입문》 깊이 읽기
- 기도의 은사가 전혀 없는 사람은 이를 어떤 방식으로 보완할 수 있습니까?

✠ 나의 묵상

✠ 오늘의 다짐

마지막 세 가지 주요 교훈

　첫째, 매달 초 제1부 제20장에 있는 그대의 선서를 묵상한 다음 반복해서 낭독하고, "영원토록 당신 규정을 잊지 않으리니 당신께서 그것으로 저를 살리셨기 때문입니다."(시편 119,93)라고 한 시편 저자의 기도를 읊으며, 그대가 서약한 대로 실천하겠다고 다짐하십시오.
　둘째, 사람들 앞에서 거리낌 없이 그대의 신심을 공개하십시오. 그대 자신을 경건한 사람으로 자처하라는 말이 아닙니다. 오로지 경건한 사람이 되기를 바란다고 밝히라는 뜻입니다. 그리고 하느님의 사랑을 얻는 데 필요하다면 이미 습관화 된 것을 행하는 데 부끄러워하거나 주저해서는 안 됩니다.
　하느님께 봉사하겠다는 특별한 지향으로 하느님을 사랑하고 하느님께 헌신했음을 솔직하게 고백하면, 주님께서 크게 기뻐하실 것입니다. 이와 반대로 하느님과 십자가를 부끄럽게 여긴다면 주님께서 크게 실망하실 것입니다. 이와 같은 공식 발표는 세속 사람들의 여러 가지 반대 이론을 근본적으로 차단시킬 것이며, 그대의 명예에도 해를 입히지 않을 것입니다.
　셋째, 친애하는 필로테아 님, 끝으로 천지의 모든 거룩한 이름과 그대가 받아 모시는 성체, 그리고 그대를 품어 주시는 그리스도의 가슴과 그대를 사랑하시는 주님의 성심에서 나오는 사랑과 자비에 의거하여 그대에게 당부합니다. 그지없는 축복을 받는 신심 생활을 인내를 가지고 끊임없이 계속하십시오.

- 제5부 제18장

DATE   /   /   /

100 Day

✚ 내 마음에 닿은 문장

✚ 《신심 생활 입문》 깊이 읽기
- 100일의 여정에 함께해 주신 주님께 감사드리며, 나의 결실을 봉헌합시다.

✚ 나의 묵상

✚ 오늘의 다짐

성숙한 그리스도인

✠

주님께서 복을 내리시어 당신을 위로해 주시고,
이를 주님의 기쁨으로 삼으시도록 간청하십시오.
영혼이 주님의 거룩한 사랑으로,
그분 성심의 거룩한 겸손과
온유함으로 흘러넘치게 해 주시도록 간청하십시오.

주님의 사랑은 결코 겸손과 온유함에서 멀어지지 않습니다.
겸손과 온유함은 주님의 사랑에서 나옵니다.
그러니 영혼에 온갖 결점이 있다 해서
스스로 놀라거나 화내지 마십시오.
그것이 늘 고백해 온 것이라 해도 말입니다.

삶을 바로잡기 위하여 그러한 결점들을 거부해야 하지만,
분노가 아니라 평온한 마음과 용기로
그 결점들에 맞서야 합니다.
그러면 그 결점들을 바로잡겠다는 확실하고도
확고한 결단을 내릴 수 있습니다.

✣

편안한 마음으로 성숙한 숙고를 통하여 내린
이러한 결단은 인간적인 감정들을 다스리면서도
이 결단을 이행하는 참된 수단을 선택하도록 도와줄 것입니다.

저는 인간적인 감정들을 버리라고 권유하지 않습니다.
그 감정들을 잘 다스려야 합니다.
그리하면 짧은 영적 독서와 기도를 준비하며 하느님께
마음을 들어 올릴 시간을 찾을 것입니다.
또한 마음이 침착함을 되찾아 온유하고 겸손한 자세로
평화를 누릴 것입니다.

마음을 다잡아 이러한 결단을 마음속 깊이 새기십시오.
무엇보다 이웃에 대한 불만과 증오를 버리십시오.
이는 우리가 쉽게 알아차리지 못하지만
누구도 쉽게 피하지 못하고 영혼에 상처를 입히는 결점이니
반드시 고쳐야 합니다.

— 프란치스코 살레시오 성인, 《가시 속의 장미》 중에서

신심 생활 입문 묵상 노트

2022년 12월 21일 교회 인가
2023년 1월 31일 초판 1쇄 펴냄
2024년 3월 15일 초판 2쇄 펴냄

지은이 · 가톨릭출판사 편집부
펴낸이 · 정순택
펴낸곳 · 가톨릭출판사
편집 겸 인쇄인 · 김대영
편집 · 강서윤, 김소정, 박다솜
디자인 · 이경숙, 강해인, 송현철, 정호진
마케팅 · 안효진, 황희진

본사 · 서울특별시 중구 중림로 27
등록 · 1958. 1. 16. 제2-314호
전자우편 · edit@catholicbook.kr
전화 · 1544-1886(대표 번호)
지로번호 · 3000997

ISBN 978-89-321-1847-5 03230

값 15,000원

가톨릭의 모든 도서와 성물을 '**가톨릭출판사 인터넷쇼핑몰**'에서 만나 보실 수 있습니다.
http://www.catholicbook.kr | (02)6365-1888(구입 문의)

성경 ⓒ 한국천주교중앙협의회, 2022.

이 책은 저작권법에 의해 보호를 받는 저작물이므로 무단 전재와 무단 복제를 금합니다.